금융 **제론톨로지**

KINYU GERONTOLOGY

by Atsushi Seike

Copyright © 2017 Atsushi Seike, Yukiko Inubushi, Junichi Ushiba,Keiichiro Kobayashi,

Kouhei Komamura, Toru Takebayashi, Hiroki Nakatani, Masaru Mimura, Hiroaki Miyata

and NOMURA INSTITUTE OF CAPITAL MARKETS RESEARCH

All rights reserved.

Originally published in Japan by TOYO KEIZAI INC.

Korean translation rights arranged with TOYO KEIZAI INC., Japan

through The English Agency (Japan) Ltd. and Duran Kim Agency.

초고령사회의 새로운 자산관리 패러다임

금융노년학

FINANCIAL GERONTOLOGY

노무라 자본시장연구소와 게이오기주쿠 대학의 금융 · 경제 · 의료 해법서

금융 제론톨로지

세이케 아쓰시 편저 | 박현숙 옮김

청미

일본의 저출산·고령화는 문자 그대로 세계에서 유례가 없던 현상이다. 저출산·고령화에 따른 생산가능인구의 감소는 거시경제의 수요와 공급 양면에서 성장에 큰 제약이 되어, 어떻게 노동력을 유지하고 또 노동력이 감소하더라도 이를 어떻게 보완하여 생산성을 향상시킬 것인지가 주요 과제가 되었다. 일본을 세계 제일의 장수국가로 만든 연금·의료·개호 시스템을 다음 세대에도 지속가능한 형태로 전달하기 위해서 현재 세대의 급여 제한과 세금 부담 가중 등 사회보장제도 개혁이 불가피하게 되었다.

이러한 상황에서 개인의 노후 삶의 질을 향상시키고, 사회 전체도 높은 수준의 사회보장을 유지할 수 있는 방책이 필요하다. 건강수명 연장을 위한 생활습관병 예방, 고령자의 신체기능 유지를 돕는 재생의료와 로봇기술 등의 기술혁신, 의료·개호보험의 효율성을 비약적으로 향상시키는 인공지능과 빅데이터의 활용, 고령자의 취업과 고용을 확대하는 노동 패턴 검토, 고령자를 위한 자산 관리 고도화 등이 문제 해결의 핵심이 될 것이다.

문제 해결을 위해서는 '고령'에 대한 정의를 새롭게 하고, 세대 간 상호 협력 시스템의 재구축과, 기술혁신이 곧 새로운 산업의 창출로 이어질 의학·공학·경제학·법학 등 여러 분야가 학제적으로 산학 연계한 조사 연구가 중요하다.

이미 미국 등에서는 노년기 및 고령화 프로세스를 연구하는 제론톨로지(노년학)와 금융 연구의 융합과, '건강수명'만이 아니라 '자산수명'을 연장하고 두 수명과 '기대수명'의 차이를 최대한 축소하려는 학술 연구도 성과를 올리고 있다.

이러한 연구가 '금융 제론톨로지'이다.

금융 제론톨로지의 문제의식을 통해 고령화사회에서 취업과 자산운용 등, 고령화가 개인의 경제 활동에 미치는 영향과 과제를 다각도로 검토하고 필요한 대응을 학술적으로 논의하기 위해 게이오기주쿠 대학의 의학·공학·경제학·법학 등 여러 분야의 연구자가 모이고, 노무라 자본시장연구소에서 사무국 역할을 맡아서 '고령사회의 금융·경제·의료에 관한 연구회'를 2016년 4월에 발족했다.

이 연구회를 시작할 때부터 연구 성과를 책으로 엮어 문제 제기와 구체적인 제언을 하는 것을 목표로 했다. 이 책은 목표 실현의 첫걸음이며 연구회 참가자 각 전문 분야의 연구 성과를 집필한 것이다. 윤택한 고령사회를 상상하고 계신 분에게는 의학·공학·경제학·법학 등 여러 분야를 총괄한 이 책의 학술적 성과가 유익한 시사점을 제공할 것이다.

이 연구회의 운영 전반을 맡아주신 노무라 자본시장연구소 분들에게 이 기회를 빌려 감사의 뜻을 전한다. 또한 이 책의 출판을 위해 정성 들여 편집해주신 도요게이자이신보사 분들에게도 깊은 감사의 인사를 드린다.

2017년 3월
세이케 아쓰시

제2장 인지기능이 저하된 고령자의 의사결정

제3장 사회 시스템 변혁으로 인구 감소 시대에 도전한다
– 웰빙 플랫폼 구축

제4장 고령사회를 지원하는 테크놀로지는 어떠해야 하는가

제5장 고령사회의 근로 양상과 건강

제6장 고령자의 인지기능 저하와 법적 문제
– 성년후견제도의 현재와 과제

제7장 고령자의 이상적인 자산관리 방법을 생각하다

제8장 글로벌화와 일본의 고령화 문제
– 현재의 과제와 향후 희망과 기회

헬스케어와
웰스케어의 시대

이 책은 초고령사회[1]를 맞이한 일본인의 윤택한 삶(웰스케어, Wealthcare)의 실현과, 신체와 정신의 건강 증진(헬스케어, Healthcare)이 밀접하게 연결되어 있다는 점을 실증적으로 검토하고, 이를 실현하기 위한 제안을 하는 것을 목적으로 한다. 윤택한 삶과 건강 증진의 상관관계를 당연하게 여길 수도 있지만, 이를 과학적 논거를 통해 학술적으로 분석한 연구 문헌은 드물다. 이 책은 초고령사회에서 윤택한 경제생활을 영위하기 위해서 건강상태(신체능력, 인지기능)가 얼마나 중요한 역할을 하는지에 대해 의학·공학·경제학·법학 등 여러 분야의 최첨단 지식을 정리하고 필요한 정책을 이야기하고자 한다.

일본은 흔히 인구 고령화라는 측면에서 과제 선진국[2]이라고 한다. 실제로 일본의 고령화는 세계에 유례가 없는 현상이다. 고령화 수준, 속도, 그리고 심화라는 측면에서 전례를 찾아볼 수 없다. 도표 1에서 이를 확인할 수 있다. 우선 고령화 수준이다. 일본의 65세 이상 고령인구 비율은 2016년 4월 시점에 27%를 넘어섰다. 인구의 4분의 1 이상이 65세 이상 고령자로, 이는 세계 최고 수준의 고령인구 비율이다.

고령인구 비율은 그 후로도 계속 높아져서 올해(2017년) 태어난 아이들이 대학생이 되는 2035년에는 인구의 3분의 1, 그리고 지금의 대학생이 고령자가 되는 2060년에는 인구의 5분의 2, 즉 약 40%가 65세 이상 고령자가 될 전망이다. 일본의 고령인구 비율은 금세기 중반까지 세계 최고 수준을 유지할

• • •

1 UN의 기준에 따르면 초고령사회란 65세 이상 연령층이 총인구의 20% 이상을 차지하는 사회를 말한다. 참고로 고령화사회는 총인구에서 65세 이상 인구가 차지하는 비율이 7% 이상, 고령사회는 14% 이상인 사회를 말한다. (옮긴이)

2 저출산·고령화, 환경 문제 등 언젠가 전 세계가 직면하게 될 과제를 가장 먼저, 그리고 심각하게 직면하고 있는 나라라는 뜻이다. (옮긴이)

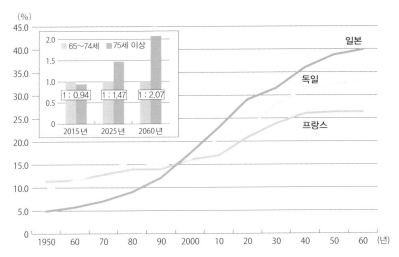

(주) 삽입한 사각 칸 속의 막대그래프는 65~74세 인구를 1로 보았을 때 75세 이상의 인구 비율.
(출처) 국립사회보장·인구문제연구소 「인구통계 자료집」 참조 필자 작성.

것으로 보인다.

   도표1에서 고령인구 비율 꺾은선 그래프의 경사도를 통해 알 수 있듯이, 지금까지 일본의 고령화는 매우 빠른 속도로 진행되었다. 일반적인 고령화 속도는 65세 이상 고령인구 비율이 7%에서 14%가 되는 데 걸리는 연수를 측정한다. 일본은 1970년에 고령인구 비율이 7%에 달했으며 1994년에 14%에 달해, 인구 고령화까지 24년이 걸렸다.

   반면 일본보다 앞서 선진국 대열에 들어선 유럽 국가들은 고령화에 이르기까지 50~100년, 프랑스의 경우 114년으로 100년 이상이 걸렸다. 요컨대 일본은 유럽 고령화 선진국의 2배 속도, 프랑스의 4배 속도로 고령화가 진행되었다.

   또 한 가지 주목할 점은 고령화의 '심화'이다. 이 현상은 고령인구 비율이 급상승하는 현상을 말한다. 도표1 왼쪽 상단에 삽입된 막대그래프의 수치를 통해 설명하고자 한다.

도표 1에 삽입된 막대그래프의 수치는 65세 이상 고령자 중에서 65~74세 사이의 고령자와 75세 이상의 초고령자 비율을 비교한 것이다.

2015년 비율은 약 1 대 1로, 65~74세 사이 고령자 1인당 75세 이상 초고령자 1인의 비율이다. 그러나 그 후, 이 비율은 큰 폭으로 변해 10년 후인 2025년에는 1 대 1.5, 즉 고령자 1인 대비 초고령자는 1.5인이 된다. 종종 '2025년 문제'라고도 일컬어지는 이 현상은 1947년부터 1949년(혹은 1950년) 사이에 태어난 단카이 세대[3]가 2025년에는 모두 75세 이상이 되기 때문이다.

그리고 일본의 고령인구 비율이 40%에 달하는 2060년이 되면 고령자 대 초고령자 비율은 1 대 2, 즉 65~74세, 고령자 1인 대비 75세 이상 초고령자 2인이라는 압도적인 '톱 헤비(top heavy)' 인구 피라미드가 나타난다. 말 그대로 초고령사회이다. 결과적으로 건강증진이라는 과제의 중요성이 부각된다.

축적된 경험을 통해 75세가 넘으면 유병률 또는 요개호(要介護)[4]율이 증가한다는 사실을 알 수 있다.[5] 즉 75세 이상 초고령자가 급증하는 가운데 고령자의 건강수명[6]을 유지하는 동시에 윤택한 사회를 구축하기 위해서는, 초고령자 연령층의 건강 상태를 근본부터 개선해야 한다. 건강 상태가 개선되기 전에 만약

• • •

3 제2차 세계대전 직후인 1947~1949년에 태어난 일본의 전후 베이비붐 세대로 약 800만 명에 달한다. (옮긴이)

4 신체장애나 질병 등으로 인해 스스로 일상생활을 꾸려나가지 못하고 남의 도움이 필요한 상태를 일본식 용어로 '개호(介護)'라고 한다. 우리말로 표현하자면 '간병'이라고 할 수 있다. 일본의 경우 1995년 의료보험비 중 노인 의료비가 차지하는 부분이 31%에 육박했다. 노인 의료비로 인해 의료보험이 원래의 기능을 유지할 수 없게 될 것을 우려한 일본 정부는 2000년 4월 노인을 위한 전문 보험인 개호보험을 도입하여 의료보험과 별도로 구분해놓았다. (옮긴이)

5 예컨대 개호보험 피보험자 중에 요개호 인정을 받은 사람 중 65~74세는 3%인 데 비해, 75세 이상은 23%에 달한다 (내각부 『2016년판 고령사회 백서』).

6 평균수명에서 질병이나 부상으로 인해 활동하지 못한 기간을 뺀 기간. 단순히 얼마나 오래 살았느냐가 아니라 실제로 활동을 하며 건강하게 산 기간이 어느 정도인지를 나타내는 지표로 선진국에서는 평균수명보다 중요한 지표로 인용된다. (옮긴이)

사회보장 급여비의 향후 전망

	2012년도	2025년도	25년도/12년도
사회보장 급여비 총액	109.5조 엔(22.8%)	148.9조 엔(24.4%)	1.36
연금급여	53.8조 엔(11.2%)	60.4조 엔(9.9%)	1.12
의료급여	35.1조 엔(7.3%)	54.0조 엔(8.9%)	1.54
개호급여	8.4조 엔(1.8%)	19.8조 엔(3.2%)	2.34
자녀 · 육아 지원	4.8조 엔(1.0%)	5.6조 엔(0.9%)	1.17
그 외	7.4조 엔(1.5%)	9.0조 엔(1.5%)	1.22
GDP	479.6조 엔(100%)	610.6조 엔(100%)	1.27

(주) 각 연도의 괄호 내 수치는 GDP 대비.
(출처) 후생노동성.

고령자의 신체능력이나 인지기능이 저하되더라도, 경제적인 피해를 입지 않도록 하기 위한 방안을 마련해야 한다. 우리의 문제의식은 여기에서 출발한다.

75세 이상 초고령인구 증가에 따른 문제는 사회보장 급여비[7] 급증이라는 형태로 이미 일어났다. 사회보장 급여비 급증은 최근 10년의 현상을 볼 때 소위 불가피한 일이다. 피할 수 없는 대책이 시행되는 동안에도 향후 필요한 대책은 건실히 강구해야 한다.

2 ｜ 의료·개호보험의 급상승

현시점부터 2025년까지 일본의 사회보장 급여비는 급격하게 증가할 것이다. 이를 도표 2에서 확인해보도록 하자. 도표 2는 사회보장 급여비 총액과 내

· · ·

7 사회보장 지출액, 연금과 의료비 등 각종 사회보장비를 합산한 금액. (옮긴이)

역을 2012년도 실적과 2025년도 전망으로 비교 시산(試算)한 후생노동성의 자료이다. 우선 사회보장 급여비 총액을 보면 2012년도에 약 110조 엔(GDP의 5분의 1 이상 규모)에서 2025년도에는 약 150조 엔(GDP의 약 4분의 1 규모)으로 증가한다는 것을 알 수 있다.

더 주목해서 보아야 하는 것은 사회보장 급여의 내역이다. 연금과 자녀·육아 지원비 지출도 증가했지만 눈에 띄게 큰 증가폭은 아니다. 연금급여 지출은 연금을 받는 나이가 된 고령자 수가 증가한 범위 내에서 늘어나게 되지만 매크로 경제 슬라이드[8]가 착실하게 적용된다면 실질급여 지출 총액은 연금 수급자 증가율보다 낮은 속도로 늘어나게 된다. 따라서 연금은 고령화가 진전될수록 그래프의 기울기가 직선인, 선형적으로 증가하게 된다.

자녀·육아지원비 지출도 대기 아동이 없도록 늘려나갈 계획이다. 하지만 연금, 의료, 개호와는 달리 자녀·육아 지원은 사회보장이라는 영구적인 재원이 없기 때문에, 재정 제약이 강해지는 상황에서 대폭적인 증가는 어렵다. 꾸준한 증가를 기대하고 있지만 도표2에서 볼 수 있듯이, 연금급여보다 조금 높은 수준이다.

한편 연금급여와 자녀·육아 지원비 증가에 비해 의료·개호급여비 증가는 현저하게 높다. 2025년도에는 2012년도와 비교해 각각 1.54배, 2.34배로 대폭 증가하며 2025년 기준 GDP의 약 9%, 3% 규모가 될 전망이다.

이러한 현상의 배경에는 2025년까지 유병률과 요개호율이 높은 75세 이상 초고령인구의 지속 증가가 있다. 즉, 고령화가 '심화'될수록 의료급여와 개호급여는 크고 빠르게 증가한다. 단카이 세대 전체가 75세 이상이 되는 2025년 무렵의 근미래에 관해서는 예측이라기보다 확실한 현실로 받아들여야 할 것이다.

• • •

8 연금 급여비 증가율을 물가 상승률이나 임금 증가율 아래로 제한하는 제도. (옮긴이)

'의료 수준'의 향상도 급여비 증가의 요인이다. 새로운 약제와 고도의 기술을 요하는 시술과 검사 등 의료의 질 향상은 놀라운 성과이며 그 자체로 인류의 복리후생 향상에 크게 공헌한다. 하지만 의료의 질 향상에 따라 보통 비용(약값)도 오르기 때문에 이 역시 고령자 수 증가 이상의 속도로 의료급여비를 증가시킨다.[9] 개호 역시 이미 일손 부족이 심각하며 임금 등 개호노동자의 근로조건을 개선하지 않는 한 개호급여의 확보 자체가 불안한 실정이다. 그리고 개호 서비스 단가 상승도 고령자 증가 이상의 속도로 개호급여비 총액을 증가시키는 요인이 될 것이다.

이처럼 연금급여비 총액은 고령인구 증가폭과 거의 비슷한(혹은 그 이하) 속도로 선형적으로 증가하는 데 비해, 의료·개호급여비 총액은 비선형으로 증가한다. 이러한 차이의 큰 요인은 75세 이상 초고령자의 급증이다. 동시에 의료 질 향상과 개호 일손 부족에 따른 의료·개호 단가 상승도 의료·개호급여비 총액을 증가시킨다.

그리고 의료·개호 관련 개혁에서 가장 어려운 요소는, 의료·개호에는 '인간'의 문제가 관계되어 있다는 점이다. 즉, 사회보장제도에서 연금은 기본 보험료와 세금을 징수해 그것을 연금급여라는 현금으로 지급하는 '돈'의 세계로 완결된다.

연금 문제는 제도를 개정하면(물론 개정이 쉽지는 않지만) 해결할 수 있다. 그러나 의료나 개호는 보험료와 세금의 형태로 돈을 징수한 뒤에 급부 시에는 의료 서비스와 개호 서비스라는 '서비스'의 형태로 제공되기 때문에, 당연히 서비스를 제공하는 의사와 간호사, 약사, 혹은 개호복지사와 같은 사람들의 존재가 빠질 수 없다. 앞서 이야기한 개호 일손의 예처럼, 서비스 제공자를 충분히 확보하고 그들이 의욕적으로 활동할 수 있는 환경이 마련되어야 한다.

• • •

9 의료급여비 증가와 과제에 대해서는 이 책 제1장 「초고령사회와 사회경제 시스템 구상」, 제8장 「글로벌화와 일본의 고령화 문제」 등 참조.

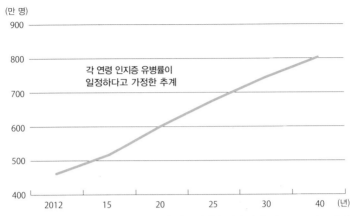

(만 명)

각 연령 인지증 유병률이
일정하다고 가정한 추계

2012   15   20   25   30   40   (년)

(출처) 니노미야 토시하루 외 「일본의 인지증 고령자 인구 장래 추계에 관한 연구」 2014년도 후생노동과학
연구비보조금 후생노동과학 특별연구사업, 2014년.

---

3 │ 인지기능이 저하된 고령자 급증이 초래하는 문제

고령자 중에서도 75세 이상 초고령자의 증가는 의료 · 개호급여비 급증을
초래한다. 그러나 좀 더 심각한 문제는 늘어난 초고령자와 함께 인지기능이 저
하된 고령자 수도 급증하게 된다는 점이다. 도표 3은 일본의 고령 인지증환자
수 추계치를 나타낸 것이다(각 연령층 인지증 발병률이 일정하다고 가정한 경우).

도표에서 확인할 수 있듯이 현재 일본의 고령 인지증환자 수는 이미 약
500만 명에 달하며, 이 수치는 이후 더욱 증가해 2025년에는 약 700만 명에
달할 전망이다. 또한 인지증 발병 확률도 75세 이상 초고령자가 차지하는 비
율이 상당히 높아졌다. 향후 고령인구 중에서도 초고령자가 급증하게 되면서
인지증환자 또한 급속히 늘어나게 될 것으로 예상된다. 이런 추세라면 고령자

인지증환자 비율은 2025년에는 5명 중 1명 꼴로 늘어나게 된다.

인지기능이 저하된 고령자가 급증하는 현상은, 신체능력이 저하된 고령자가 급증하는 것 이상으로 심각한 사회 문제이다. 고령화 문제를 안고 있는 선진국들이 이 문제를 향후 최우선 과제로 받아들이고 있는 까닭도 그 때문이다. 인지기능이 저하된 고령자 급증이 초래하는 영향은 인지기능에 문제가 생긴 본인뿐만 아니라 가족, 관련 기업, 더 나아가 사회 전체로 미치게 된다.

당사자는 인지기능 저하로 삶의 질이 떨어지게 된다. 일상생활에 지장이 생기는 것은 물론, 자산 투자나 내구 소비재[10] 구입 등을 자신의 의사를 통해 결정하지 못하게 되는 상황은 삶의 질을 현저하게 떨어뜨릴 것이다. 한편 투자라는 측면에서 금융자산 보유액은 보통 나이가 들면서 늘어나기 마련이므로, 인지기능이 저하될 가능성이 높은 고령자가 더 많은 금융자산을 보유하게 된다. 그런 고령자가 자산운용 판단을 자신의 의사를 통해 결정하지 못하게 되는 상황은 사회 전체에 매우 큰 손실이다.

가족에게는 개호가 가장 심각한 문제이다. 인지기능이 저하된 고령자 개호, 특히 인지증 고령자 개호는 개호뿐만 아니라 미마모리[11]까지 대부분이 일대일 작업을 필요로 한다.

그러나 개호 일손 부족은 이미 심각한 실정이다. 앞으로도 노동인구는 격감 추세라는 걸 상기하면 인지기능 저하 고령자의 개호 서비스 확보가 점점 어려워질 전망이다.

그렇게 될 경우 많은 가족, 특히 한창 일할 연령의 사람들이 인지기능이 저하된 가족(보통 한창 일해야 하는 사람들의 부모)을 돌보기 위해 일을 그만두게 된

• • •

10 내구성이 좋아 오랫동안 사용할 수 있는 소비재. 가구, 냉장고, 자동차, 텔레비전 따위를 이른다. (옮긴이)

11 가족이 떨어져 사는 고령자의 안부·안전을 확인하고 긴급 상황에서는 적절한 대처를 위탁하는 돌봄 서비스. (옮긴이)

다. 이러한 상황은 노동인구 감소를 가속시킨다. 가장 왕성하게 일할 나이대의 우수한 업무능력을 가진 사람들이 일자리를 떠나는 것은, 노동인구의 단순한 수적 감소만이 아니라 질 높은 노동력을 잃는다는 의미에서 기업과 일본 경제 전체로도 커다란 손실이며, 거시경제 공급 면에서 잠재 성장률이 크게 하락한다.

인지기능이 저하된 고령자 증가는 기업 비즈니스 측면에서도 큰 손실이다. 매일 사용하는 일용품 구입 같은 소비는 가족이나 개호노동자를 통해 대신할 수 있다. 그러나 내구 소비재, 특히 사용에 인지기능이 필요한 자동차나 가전 제품, 정보통신기기 등은 인지기능이 저하된 고령자에게 판매할 수가 없다. 자동차 산업, 가전 산업, 정보통신기기 산업에 있어서 국내 수요는 단순히 인구가 감소하기 때문에 쇠퇴한 것이 아니라, 이러한 상품을 구입할 수 없는 고령자 인구 비율이 증가하면서 더 크게 쇠퇴했다고 보아야 할 것이다.

가장 심각한 타격을 받을 가능성이 있는 산업은 금융업이다. 복잡한 금융 상품은 인지기능이 분명한 사람도 구입이 쉽지 않다. 하물며 인지기능이 저하된 고령자에게 복잡한 금융상품을 판매할 수는 없는 노릇이다.

그뿐만 아니라 예금 입출금 같은 단순한 은행거래도 비밀번호 입력과 같은 일정 절차를 제대로 이해할 수 있어야만 가능하다. 인지기능이 저하된 고령자에게는 단순한 은행거래도 어렵게 느껴진다. 실제로 많은 금융기관이 이 문제에 관한 대처를 중요하게 인식하고 있으며, 실제 고령자 거래 감소 관련 대처로 이어지고 있다.[12]

앞에서 말했듯이 금융자산 보유량과 인지기능 저하 위험성은 연령에 비례해 증가하는 경향이 있다. 고령자일수록 많은 금융자산을 보유하고 있는 한편, 인지기능 저하 위험성 또한 매우 높아지기 때문에 문제는 배가된다.

• • •

12 이 책 제7장 「고령자의 이상적인 자산관리 방법을 생각하다」에서도 다루지만, 증권회사가 고령 투자자에게 상품 판매 시 신중을 기하도록 하는 요구도 시작되었다.

이 문제는 사회경제 전체에도 심각한 문제를 초래한다. 원래도 일본은 리스크 머니(Risk Money)[13]가 적기 때문에 벤처기업 육성이 힘들다는 지적이 나오는데, 인지기능이 저하된 고령자의 금융자산이 보통예금 등으로 매장된다면 점점 성장을 위한 자금 투자는 줄어들게 될 것이다.

4 | 핵심은 건강수명 연장

개인의 삶의 질 향상과 가족의 개호를 이유로 직장을 그만둬야 하는 상황을 막기 위해서, 그리고 기업의 비즈니스 저해 요인을 제거하고 일본 경제에 활력을 유지하기 위해서는 어떻게 해야 하는가? 시도할 방안은 여러 가지가 있지만, 그중에서 가장 핵심이 되는 과제는 건강수명의 연장이다.

단순히 장수하는 것이 아니라 건강하게 장수할 수 있다면 고령자가 자유롭게 생활하며 스스로 의사를 결정하고 고령자의 가족도 개호를 걱정하지 않아도 된다. 기업도 안심하고 고령자를 고용할 수 있으며 고령자와 금융거래도 할 수 있기 때문에 결과적으로 일본 경제에 활력이 유지된다. 이러한 건강장수를 실현하기 위한 방법에는 크게 두 가지가 있다.

첫 번째는 바로 고령에 따라 저하되는 신체능력을 가능한 한 유지하고 인지기능이 저하되지 않도록 철저히 예방하는 것이다. 젊어서부터 생활습관병을 철저히 예방해 고령 후 발병 위험을 방지하는 것이 전형적인 방법이다. 생활습관병 예방이 건강수명을 늘리는 정석이라는 사실에는 반론의 여지가 없으며, 사람들의 인식 개선과 함께 보험제도 등을 통한 생활습관병 예방 행동에 대한

• • •

13 위험성은 크지만 높은 수익이 예상되는 사업에 투자하는 자금. (옮긴이)

동기 부여도 중요하다. 더불어 좀 더 효과적인 예방법 개발의 추진도 기대한다.

한편 이미 고령인 사람, 혹은 곧 고령자 반열에 오르는 고령자 예비군이 기대할 수 있는 다른 한 가지 방법은 고령으로 저하되는 신체능력과 인지기능을 위한 보완책 마련이다.

신체능력 회복 면에서는 최근 재생의료의 발전으로 상실된 신체능력 일부를 회복할 수 있게 되었다.[14] 뇌과학과 로봇공학 분야에서는 학술 연구를 통해 상실한 신체능력을 대신하면서 기능 회복을 돕는 기기 개발을 진행하고 있다.[15]

한편 인지기능 저하 면에서, 노년기에 저하된 인지기능을 회복하는 방법은 현시점에서는 없다. 단, 인지기능 저하의 주원인인 알츠하이머와 뇌혈관 질환의 예방과 발병 시기를 지연시키는 방법은 연구되어 있으며, 결국 인지기능이 저하된다고 해도 일상생활을 유지하는 수준의 활동을 돕는 기기나 지원 서비스 개발도 진행되고 있다.[16]

의학, 약학, 공학 등 분야의 연구 개발로 건강수명이 늘어나면 그 결과를 사회경제에 적절하게 운용할 수 있는 제도를 마련하기 위한 경제학, 법학, 사회학 등 여러 분야의 정책 연구도 함께 필요하다. 그래야만 초고령자가 급증하는 사회라도 사회경제에 활력을 유지할 수 있다. 건강수명 연장은 다음과 같은 측면에서 고령사회의 지속가능성을 향상시킬 것으로 기대된다.

첫 번째는 고령사회의 가장 심각한 문제인 노동인구 감소를 건강수명 연장으로 해결할 수 있다는 점이다. 도표4는 2014년부터 16년간 노동인구를 전망한 것이다. 이대로 아무 방책도 강구하지 않는다면 현재 약 6,600만 명인 노동인구는 16년 후인 2030년에는 약 5,800만 명까지 감소하게 된다.

• • •

14 야마나카 신야 교토 대학 교수의 유도 만능 줄기세포(iPS) 연구는 이미 피부 세포와 망막 등 여러 분야에서 응용이 시작되었다.

15 이 책 제4장 「고령사회를 지원하는 테크놀로지는 어떠해야 하는가」 참조.

16 이 책 제2장 「인지기능이 저하된 고령자의 의사결정」 참조.

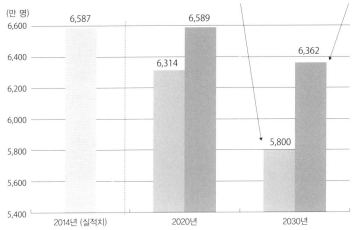

경제 성장과 노동 참여가 적절하게 이루어지지 않는 경우   경제 성장과 노동 참여가 적절하게 이루어지는 경우

(노동참여가 이루어지는 경우 노동력률)

연령	2014		2020		2030
60~64세	77.6%	→	85.4%	→	89.3%
65~69세	52.5%	→	62.3%	→	67.9%
30~34세	71.0%	→	79.3%	→	84.6%
35~39세	70.8%	→	77.1%	→	83.8%

(출처) 고용문제연구소 추계, 2014년 실적치는 총무성 「노동력 조사」, 2020년 및 2030년은 노동정책연구·연수기구 추계.

16년 동안 노동인구는 10% 이상 감소하며, 이러한 노동인구 감소는 생산 활동을 제약하고, 근로 수입 감소로 이어져 소비 활동이 감소되기 때문에 거시경제의 수요와 공급 양면에서 성장을 저해한다. 무엇보다 사회보험료와 근로 소득세 등을 부담하고 사회보장제도를 지탱하는 인구가 감소하고 있기 때문에 사회보장제도의 지속가능성이 불안정해진다.

그러나 노동인구 감소가 인구 감소에 따른 불가피한 현상은 아니다. 노동인구는 전체 인구 중에서 근로 의사를 가진 사람의 비율인 노동력률을 곱한 면적(노동인구 = 인구×노동력률)이므로 노동력률을 향상시키면 인구가 감소해도 노동인구를 유지하거나, 적어도 감소폭을 줄일 수 있다.

실제로 도표 4의 하단에서 볼 수 있듯이 고령자와 여성의 노동력률을 대폭 향상시키면 2030년에는 노동인구 수준을 약 6,400만 명 수준으로 유지할 수 있으며, 노동인구의 감소가 이렇게 완만하게 진행된다면 생산성을 향상시켜서 성장률을 유지할 수 있으므로 사회보장제도의 유지 가능성이 현저하게 높아진다.

고령자와 여성의 노동력률 향상이라는 시나리오 실현에는 건강수명 연장이 필수적이다. 고령자가 적극적으로 구직 활동에 참여하고 노동력률을 향상시키기 위해서는, 노년기 건강 상태가 중요한 전제 조건이라는 점은 굳이 말할 필요가 없을 것이다.[17] 여성이 적극적으로 구직 활동에 참여해 노동력률을 향상시키기 위해서도 건강수명 연장은 중요하다. 고령자가 신체능력이나 인지기능이 저하되어 개호가 필요할 때, 가정에서 개호를 담당할 가능성이 높은 쪽은 여성이다. 따라서 고령자의 건강수명 연장은 개호를 이유로 일을 그만둘 가능성이 높은 여성의 일자리 이탈을 막아 노동력률을 향상시킨다.

노년기 소비 활동을 유지하기 위해서도 건강수명 연장은 중요하다. 신체능력과 인지기능의 유지는 자동차를 비롯한 고가의 내구 소비재 상품의 구입, 관광 상품과 같은 고가의 서비스 구입을 위한 중요한 전제 조건이다. 건강수명 연장을 위한 자원 투입은 내구 소비재와 관광 서비스 업계가 건강수명 연장 정책에 협력·지원하는 동기를 부여한다.

• • •

17 세이케 아쓰시·야마다 아쓰히로 『고령자 취직의 경제학』 니혼게이자이신문사, 2004년에 건깅에 문제가 있는 고령자의 근로 유지 확률은 다른 조건이 동일하다는 진제에서 31.7% 감소하는 것으로 나타났다.

건강수명 연장이 가장 희소식인 경제 분야는 금융일 것이다. 앞서 말했듯이 인지기능 저하는 금융거래에서 결정적인 장애 요소가 되기 때문에, 해당 상황의 개선으로 인한 플러스 효과는 상당히 크다.

의학적으로 인지기능 저하 예방과 인지기능 회복에는 아직 시간이 필요하지만 의학적인 노력을 계속한다면, 고령자의 금융거래 가능 범위가 확대되고 고령자가 보유한 풍부한 금융자산이 사장되는 것을 막을 수 있어 고령자 본인의 가계, 금융업의 경영, 사회경제의 자금 순환 각각의 상태 개선으로 이어진다.

인지기능 저하가 바로 개선될 수는 없더라도 최소한 일부 금융거래는 가능하도록 하는 기술적·제도적 정책 마련 등의 연구도 중요한 과제이다. 이를 종합적으로 연구하는 학문 분야가 이 책의 주제인 금융 제론톨로지(금융노년학)이다.

5 | 제4차 산업혁명과 초고령사회

지금까지의 내용을 종합하면 헬스케어와 웰스케어를 접목하는 핵심 요소는 기술혁신이다. 그중에서도 주목을 받는 기술이 인공지능(AI), 생명과학, 로봇공학, IoT(사물인터넷) 등을 비롯한 소위 제4차 산업혁명 관련 기술이다. 2016년 겨울에 열린 세계경제포럼(다보스 포럼) 주요 의제도 바로 제4차 산업혁명의 급속한 발전과 그에 따른 사회·경제적 충격이었다.[18]

기술혁신은 생산성을 현저하게 향상시킨다. 제4차 산업혁명의 기술혁신은

• • •

18 자세한 내용은 Schwab, K., "The Fourth Industrial Revolution," World Economic Forum, 2016(『제4차 산업혁명 ― 다보스 포럼이 전망하는 미래』 세계경제포럼 역, 니혼게이자이신문출판사, 2016을 참조하기 바란다.)

주로 공장 등 생산 현장에서 생산성을 향상시켜온 지금까지의 기술혁신과는 달리 사무직이나 전문직 업무를 대체하게 되면서 여러 분야에서 지금까지 겪어본 적 없는 대량 실업이 발생하는 상황을 우려한다.[19] 그러나 앞에서도 말했듯이 일본의 노동인구 감소는 심각한 수준이며, 이러한 상황에서 생산성을 비약적으로 높일 수 있는 기술혁신은 반가운 소식이 아닐 수 없다.

제4차 산업혁명은 의료 생산성을 향상시켜 건강수명도 연장될 가능성이 크다. 비약적으로 진보한 정보통신기술과 고도의 데이터기술을 활용한 인공지능을 통해 환자는 검사와 진단 등 많은 부분을 병원에 가지 않고 자택에서 해결할 수 있다. 고령 환자는 질병의 치료를 위해 내원하거나 입원하지 않아도 되기 때문에 삶의 질이 높아지며, 의사는 검사와 진단에 많은 시간을 빼앗기지 않아 환자의 진료에 집중할 수 있다. 환자의 불편을 줄이는 동시에 의료 효율성을 높이는 효과가 있기 때문에 의료비를 절감하면서 건강수명을 연장할 수 있다.

새로운 기술의 도입으로 개호 분야 기술혁신 가능성이 비약적으로 향상된다. 생명과학과 로봇기술의 연계를 통해 신체에 불편함이 있어 개호가 필요한 사람도 어느 정도 자율적으로 활동할 수 있게 되어 삶의 질이 높아진다.[20] 새로운 기술의 도입으로 개호하는 사람의 부담이 줄어들게 되며 결과적으로 개호 노동자 고용을 늘리지 않아도 된다. 또한 개호로 인한 가족의 일자리 이탈 리스크도 감소한다. 이 기술들은 이미 일부 상용화되었으며 웰스케어와 연계한 헬스케어로 많은 기대를 받고 있다.

이처럼 제4차 산업혁명이 가져오는 새로운 기술이 고령화 문제를 해결하는

● ● ●

19 예컨대 Brynjolfsson, E. and McAfee, A., The Second Machine Age: Work, Progress, and Prosperity in a Time of Brilliant Technologies, W.W. Norton and Company, 2014(『더 세컨드 머신 에이지』 무라이 아키코 역, 닛케이BP사, 2016을 참조하기 바란다.)

20 이 책 제4장 「고령사회를 지원하는 테크놀로지는 어떠해야 하는가」에서 소개하는 기술 진보에 기대가 크다.

데 크게 기여할 수 있다는 점은 고령화로 발생하는 노동력 부족, 의료·개호급여비 급증, 개호 일손 부족과 같은 문제가 기술혁신을 촉진하는 원동력임을 시사한다. 고령화 문제에 따른 사회적·경제적 비용이 큰 만큼 그 문제가 해결됨으로써 얻게 되는 이익도 크기 때문이다. 저출산·고령화로 발생하는 심각한 문제들을 제4차 산업혁명이 가져올 새로운 기술의 상용화로 해결할 수 있고, 그 과정에서 얻을 수 있는 이익과 기술혁신 또한 크다.

제4차 산업혁명은 일본에서 저출산·고령화 문제를 해결하는 데 크게 기여할 수 있으며, 일본의 저출산·고령화는 제4차 산업혁명을 촉진하는 호환경이 될 수 있다. 일본의 저출산·고령화와 제4차 산업혁명은 '윈윈(win-win)' 관계일 수도 있다. 고령화에도 일본의 기술력은 점점 향상되었다. 만약 일본이 제4차 산업혁명과 저출산·고령화의 윈윈 관계를 만들어낼 수 있다면, 일본에 이어 저출산·고령화를 경험하게 될 국가에 좋은 모델을 제시할 수 있다는 의미에서 가치 있는 도전이 될 것이다.

6 | 이 책의 구성

지금까지 이야기한 문제의식을 배경으로 이 책에서는 윤택한 생활을 실현(웰스케어)하기 위해서 신체와 정신의 건강 증진(헬스케어)이 얼마나 중요한지에 대한 최근의 연구 성과를 알기 쉽게 소개하고 연구 성과에 기초한 정책 과제를 제시, 실현 가능한 정책을 제언해나갈 것이다.

제1장에서는 고령화, 정확하게는 장수화의 심화에 착목해 장수화가 사회·경제에 미치는 영향을 조감한다. 이 주제가 이 책의 도입 논의가 될 것이다. 장수 자체는 개인적으로나 사회적으로도 권장할 만한 일이지만, 예전과 같은 의료·개호 및 공적연금제도를 유지하기가 힘들어지게 된다. 65세 이상을

일률적으로 고령자로 보는 통념을 깨는 등, 기초적인 사회제도부터 재구축할 필요가 있음을 밝힌다. 또한 라이프 사이클 모델을 이용해 고령자의 경제 행동을 분석하기를 제안한다.

제2장부터 제5장까지는 헬스케어와 관련된 주제를 다룬다.

제2장에서는 고령화가 초래하는 최대 과제인 인지기능 저하를 의학적으로 해설한다. '인지기능 저하는 왜 일어나는가?', '단순한 인지기능 저하와 인지증은 어떻게 다른가?', '의사결정능력이란 무엇인가?'와 같이 근본적이지만 어려운 질문을 알기 쉽게 설명한다. 또한 인지기능 저하와 자산관리능력의 관계를 설명하고 원격 인지기능 평가 등 최근 주목을 받는 첨단 시스템 도입 사례를 소개한다.

제3장에서는 정보통신기술(ICT), 빅데이터 분석, 인공지능(AI)과 같은 키워드가 등장한다. 의료 분야에서 해당 기술의 이용 가능성을 제시하고 일본 보건의료의 근미래 모습을 예측한다. 사회 시스템의 변혁은 피할 수 없지만, 변혁의 과정에서 다음 세대를 지탱할 새로운 활력이 나타날 가능성이 있다. 헬스케어와 ICT가 융합된 새로운 산업의 등장이 다음 세대 경제성장을 견인할 것이다.

제4장에서는 의료와 복지를 지원하는 최첨단 테크놀로지 사례를 소개한다. 뇌졸중은 회복 후에도 개호가 필요한 주된 질병 중 하나이지만, 뇌졸중으로 잃게 된 기능을 완전히 회복할 수 없는 것은 아니다. 예컨대 뇌 활동에 반응하는 자극을 주면 그것이 뇌 신경회로에 전환되는 치료법이 개발되어 개호도(介護度)가 개선될 가능성이 있다. 새로운 테크놀로지 활용에 따른 개호 부담 감소 효과나 개호도 개선을 통한 비용 감축 효과를 분석하고 의료복지 테크놀로지 개발의 핵심을 분석한다.

제5장에서는 고령자의 건강 유지와 일자리를 주제로 다룬다. 고령자가 일자리에서 자기 역할을 하고 지역사회와의 연결을 의식하는 것은 고령자의 건강 유지에도 도움이 된다. 단, 나이가 들면 심신기능에도 변화가 생기기 때문에 고령자의 노동적응능력인 '워크 어빌리티(Work Ability)'를 파악해 업무를 배치

하는 등, 근로 환경을 조율할 필요가 있다. 고령자를 고용하는 기업에는 혜택을 주는 등의 제도 마련에 관한 연구도 필요하다.

제6장과 제7장은 웰스케어에 관한 내용이다.

제6장에서는 심신의 기능 저하로 고령자 본인이 자산관리가 힘들어진 경우에 이용하는 법제도인 성년후견제도를 설명한다. 예전에 비해 자주 듣게 되었다고는 해도 성년후견제도는 여전히 생소한 것이 사실이다. 이 장에서는 성년후견제도의 취지와 핵심을 순서에 따라 설명하고자 한다. 그런 다음 후견인 지원자가 부족한 현실 사례를 살펴보고 법무사, 변호사와 같은 전문직후견인이나 시민후견인만을 지원자로 선정하는 데에는 한계가 있으며, 친족이 후견인으로 활동할 수 있도록 제도를 정비할 필요가 있음을 밝힌다.

제7장에서는 장수사회에서의 고령자 자산관리의 실정과 과제를 밝힌다. 금융자산의 연대별 분포를 보면 60세 이상 세대가 가계저축의 60% 이상, 유가증권의 70% 이상을 보유하고 있어, 이에 대한 적절한 관리가 고령자 본인과 가족만이 아니라 사회경제적으로도 중요하다. 고령자의 인지기능이 저하된 상황에서 금융기관은 자산관리에 대해 어떻게 대응하는 것이 바람직한가, 고령화가 심화되는 가운데 자산수명을 연장하기 위해서는 어떻게 해야 하는가, 개인 자산운용 부문에서 탁월한 미국의 대책을 참조하면서, 지금까지의 연구 사례와 비교해 좀 더 넓은 각도에서 고령자의 자산관리 양상을 논의한다.

마지막 제8장에서는 범세계적인 관점에서 일본의 고령화 문제를 접근해야 하는 중요성을 강조한다. 아시아를 비롯한 세계 여러 나라가 중·장기적으로 고령화를 겪게 될 것으로 예상된다. 장차 일본의 고령화 대처를 세계에 전파함으로써 일본이 세계가 직면하게 될 건강 문제에 크게 공헌하게 되기를 바란다.

(세이케 아쓰시)

제1장

초고령사회와
사회경제 시스템 구상

일본의 고령화율은 2015년 시점에 26%에 달했으며, 이후로도 지속적으로 상승할 전망이다. 출생률 감소와 평균수명 연장은 고령화율의 가속화를 초래했다. 평균수명의 연장, 즉 인간의 장수는 사회에 바람직한 일이다. 고령화의 심화는 단순히 고령자 수가 늘어나는 것이 아니라 사회경제의 질과 구조의 변화라는 측면에서 큰 영향을 미친다. 초고령사회를 대비한 사회경제 시스템의 재검토가 필요하다.

1 초고령사회의 도래

1 인류의 평균수명 연장

인류의 평균수명은 ① 영·유아 사망률 감소, ② 중·장년층 사망률 개선이라는 두 단계를 거치며 증가했으며, 최근 ③ 최장 수명 연장이라는 세 번째 단계에 돌입했을 가능성이 제기되고 있다.

지금까지 인류 역사에서 높은 영·유아 사망률은 장기간에 걸쳐 인간의 수명 연장을 제한해왔다. 인류 최초의 생명표는 로마의 정치가이자 법학자인 울피아누스가 364년에 작성한 것으로 본다. 울피아누스가 생명표를 작성한 이유는 로마의 팔치디우스 법에서 명시한 "피상속인은 지정한 상속인에게 전 자산 중 일정 이상의 재산 유증(유언에 의한 증여)을 금지한다."라는 조문을 지키려면 생존율을 계산하고 유증할 자산의 가치를 수치화해야 했다. 그 후 수명에 관한 통계는 17세기부터 증가했으며 여러 통계 기록이 남아 있다.

도표1-1은 각 시대, 지역의 연령별(5세 이후로는 10년 단위로 나눔) 생존율이다. 생존 기간 0세를 100으로 보고 다음 기간까지 어느 정도 비율이 생존하는지를 표시한 것이다. 고대에서 18세기까지는 0~5세 사이 생존율이 급격하게 감소한다는 것을 알 수 있다. 로마의 영·유아 사망률은 18세기 초반 영국

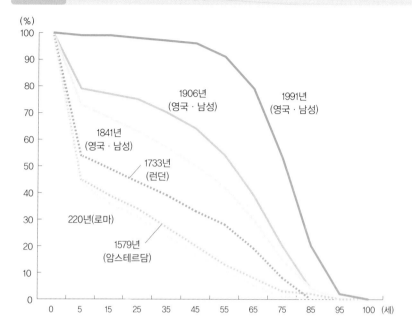

(%)

(출처) Teugels, J. L. and Sundt, B. eds., *Encyclopedia of Actuarial Science*, John Wiley & Sons, 2004년을 바탕으로 필자 작성.

의 영·유아 사망률과 별반 차이가 없다. 인류는 상당히 오랜 시간 동안 수명을 늘리기 위해 고민해왔다. 사망률이 높은 영·유아기, 아동기를 무사히 넘기고 성인이 된 상당수는 50~60대까지 생존하는 사람이 많았던 것으로 보인다.[1]

또한 위생 환경, 의료기술, 식품 환경이 개선되면서 18~19세기에 걸쳐 영·유아 사망률이 대폭 개선되었고 20세기 전반에서 20세기 후반에 걸쳐

• • •

1 팻 테인 『노년의 역사』, 기노시타 야스히토 역, 도요쇼린, 2009년 참조.

고령자 생존율이 크게 개선되었다.

요컨대 평균수명 연장의 이유를 영·유아 사망률 개선과 고령자의 생존 기간 확대로 나누어 생각할 필요가 있다. 고령자의 생존 기간 확대를 '구형화(矩形化)[2]라고 한다. 지금도 고령자의 생존 기간은 계속 증가하고 있으며 초고령사회에 이미 진입했다.

초고령사회에서 고령자의 위상은 어떻게 변화할 것인가? 인류 역사에서 고령자의 사회적 위상은 각 시대의 사회경제 시스템에 따라 변화했다.

산업혁명과 복지국가 성립 이전에는 대다수가 건강이 허락하는 한 죽기 전까지 일을 하는 '생애 현역 사회'였다. 그러나 산업혁명 이후에는 지속적인 영·유아 사망률의 감소로 젊은 노동자가 증가하고 노동 장소 또한 공장이 중심이 되었다. 그 결과 젊은 노동자가 대량 공급되는 한편, 노화로 육체노동을 견딜 수 없게 된 고령자가 생산 현장에서 잉여 노동력이 되면서 강제 퇴직 연령인 정년이 생겨났다. 동시에 고령자의 퇴직 후 생활을 유지하기 위한 연금제도가 도입되고, 은퇴와 연금이 통합된 제도가 성립되었다.

이처럼 현재의 60~65세 은퇴, 연금 수급이라는 모델은 산업혁명 이후의 공업화 사회, 복지국가에서 정착된 것이다. 그러나 오늘날 고령화가 심화되고 고령자의 체력과 지력은 개선되었으며 고령자 수도 크게 증가하는 한편, 출생률은 저조해 젊은 세대가 감소하고 있다. 산업은 공업이 아닌 지식산업, 서비스 산업이 중심이 되었다. 수명 연장과 새로운 사회경제 환경 속에서 고령자의 위상과 역할을 재검토해야 하는 시기가 왔다.

❷ 예상을 웃도는 수명 연장

인구 구조는 사회경제 양상에 큰 영향을 미친다. 따라서 정부는 장래 인구

● ● ●

2 수명 곡선 그래프의 곡선 기울기가 사라지고 평탄화되는 현상. (옮긴이)

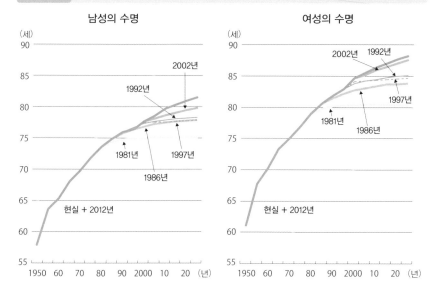

여성의 수명

(주) 2006년 추계 수치는 2012년 추계와 근사치이며 그래프상에서는 거의 선이 겹쳐져 있다. 각 연도는 추계
연도이다. '현재+2012년'은 2012년까지의 실제 동향과 2012년 추계의 조합을 의미한다.
(출처) 국립사회보장·인구문제연구소 자료, 각 연도를 바탕으로 필자 작성.

를 추계하고 결과에 따라 정책을 계획한다. 그러나 추계는 과거 인구의 통계로
부터 미래를 예측하기 때문에, 변화가 크고 급격할수록 현실과 추계 사이에 생
기는 간극도 크게 마련이다.

예컨대 1975년 인구 추계에서는 2015년에도 총인구가 계속해서 증가하며
고령화율도 16% 수준에서 안정될 것으로 전망했다. 그러나 예측은 크게 벗어
나 실제 2015년의 고령화율은 26%에 이르렀으며 이미 인구 감소 사회에 들
어섰다.

장래 인구 추계와 실제 현상이 큰 차이를 보이는 원인이 출생률 예측이 빗
나갔기 때문이라는 사실은 잘 알려져 있지만, 또 다른 원인이 한 가지 있다. 인
구 추계가 수명 연장을 과소 추계했다는 점이다.

도표1-2는 연도별 인구 추계에 따른 고령자의 수명 연장 예측이지만, 추

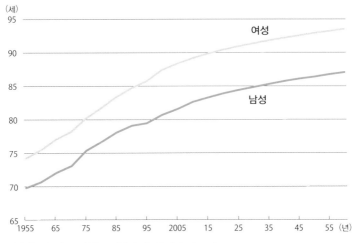

(출처) 국립사회보장·인구문제연구소 「일본 장래추계인구(2012)」.

계가 개정될 때마다 상향 조정되었다. 그 결과 1975년에는 장래 2,500만 명 수준에서 한계에 도달할 것으로 예측했던 고령자 인구는 2010년 추계에서 '2040년에 4,000만 명에 접근'하는 것으로 수정되었다.

수명 연장에 대해서는 예전부터 연구자 사이에서 이미 한계에 이르렀다는 견해가 있었지만 현재의 동향은 그 이상이다. 인구통계학자인 짐 외펜(Jim Oeppen) 등에 따르면 1840년 이후 가장 많이 장수화가 진행된 국가의 수명 연장을 보면 약 4년에 1세 증가했다는 사실이 확인되었다.

실제 수명 연장 속도가 예측을 초월하기 때문에 인구 추계를 담당하는 국립 사회보장·인구문제연구소는 수명 연장의 수준을 좀 더 정확히 예측하기 위해 추계방법의 개선을 추진했다(2012년 추계는 도표1-3). 그러나 일본은 국제적으로 비교해도 평균수명이 이미 상당히 높은 수준이라 다른 나라의 추계 모델을 참고할 수 없는 상황이다.

1990년대까지 추계에서는 사인별 사망률의 과거 추이를 통계적으로 연장

도표1-4 65세, 75세까지 생존율 동향과 장래 예측

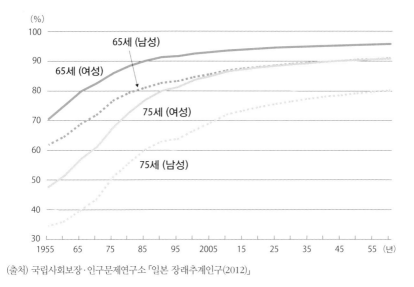

(출처) 국립사회보장·인구문제연구소 「일본 장래추계인구(2012)」

하는 방법으로 장래 수명 연장을 추계하는 방법을 사용했지만 사인 데이터의
통계 안정성 등이 문제가 되면서 2002년 이후로는 관계모델 수리방정식인 리
카터(Lea-Carter) 모델을 사용하고 있다.[3]

수정 리카터 모델에서는 연령과 사망 관계를 물리적인 규칙성에 따라 항시
존재하는 부분과 장래 개선되는 가변적인 부분으로 구분하고 항시 존재하는
부분에는 최근 연령별 사망 패턴을 기준으로, 가변적인 부분에는 사망률의 개
선 효과를 적용해서 장래 연령별 사망률을 추계했다. 평균여명 이외에도 출생
자 절반이 생존할 것으로 기대하는 '수명 중위값'은 2015년에 남성은 83.76
세, 여성은 89.79세였다.

또한 수명표에서 특정 연령까지 생존하는 사람의 비율, 예컨대 65세까지 생

• • •

3 고노 시게미 『인구학에의 초대―저출산·고령화는 어디까지 규명되었는가?』 주코신쇼, 2007 참조.

존하는 비율은 2010년 시점에 남성은 88.8%, 여성은 94.2%이며, 75세까지는 남성은 73.45%, 여성은 87.22%였다. 국립사회보장 · 인구문제연구소 「일본 장래추계인구」에 따르면 2060년에는 65세까지 남성은 90.98%, 여성은 95.72%, 75세까지 남성은 80.18%, 여성은 90.92%로 상승할 것으로 전망했다(도표 1-4).

한편 수명에는 기간생명표에서 산출하는 기간수명과 코호트[4] 생명표에서 계산하는 코호트 수명 두 종류가 있다.

흔히 사용하는 기간생명표로 계산하는 기간수명에서는 '남성 수명은 80.79년, 여성 수명은 87.05년(2015년 간이생명표[5], 0세 여명)'으로 보지만, 이 결과 값은 '현재 0세(2015년 출생)가 65세(2080년)가 되는 시점의 평균여명이 2015년의 65세와 동일'하다는 전제에서 계산한다.

코호트 평균수명은 코호트 생명표에 기초한 특정 세대의 생존율 · 사망률을 따른다. 코호트 평균수명 예측은 '현재 0세(2015년 출생)가 65세(2080년)가 되는 시점의 평균여명은 2015년의 65세보다 늘어나'는 것을 전제로 계산한다. 코호트 생명표가 예측하는 대로 앞으로도 각 연령층의 여명이 늘어나게 된다면, 선진국의 경우 21세기에 태어난 세대 절반은 100세까지 살게 된다는 견해도 있다.[6]

수명이 지속적으로 늘어나게 된 배경에는 의료기술의 발달, 식음료 환경의 개선, 과학기술과 지식의 보급 등이 있으며 생체조직공학과 유전자 치료의 기

• • •

4 인구학적 연구에서, 특별한 기간 내에 출생한 대상의 집단을 말한다. 예를 들어, 평균여명을 계산할 때 같은 달에 태어난 십만 명의 사람이 한 코호트가 될 수 있다. (옮긴이)

5 남녀 연령별 사망률을 기초로 하여 작성하는 생명표. (옮긴이)

6 린다 그래튼, 앤드루 스콧 「LIFE SHIFT─'100세 시대' 인생 전략」 이케무라 치아키 역, 도요게이자이신보시, 2016 참조.

술혁신이 인간을 더욱 장수하게 만들 것이라는 견해도 있다.[7]

2 | 수명 연장이 사회에 미치는 영향

일본에서는 장수에 따른 부정적인 측면이 부각되고 있지만 외국에서는 생명 연장으로 경제성장이 촉진된 사례가 확인된다. 데이비드 블룸(David Bloom) 등의 연구에 따르면 "선진국에서 평균수명이 1년 늘어나면 실질 경제 성장률은 0.3~0.5% 상승한다."라는 사실을 확인했다. 케빈 머피(Kevin Murphy) 등의 추계에 따르면 "과거 1세기 동안 미국의 평균수명 연장은 1인당 120만 달러의 부를 가져왔다."라고 보았다.[8] 또한 WHO(세계보건기구)에 따르면 영국에서는 고령자가 연금, 의료 비용과 비교하면 세금, 소비 면에서 400억 파운드의 경제 공헌을 했으며 2030년에는 770억 파운드에 달할 것으로 추계했다.[9]

1 수명 연장이 사회에 가져오는 문제

수명 연장이 사회에 가져오는 문제가 있다. 기대수명과 더불어 자립해서 생활할 수 있는 연령, 즉 건강수명이 함께 늘어나지 않는다면 건강에 문제가 생기게 됐을 때의 간병(개호) 기간이 길어지게 된다. 특히 75세 이상이 되면 의료

• • •

7 조너던 와이너 『수명 1000년 - 장수과학의 최첨단』 가지하라 다에코 역, 하야카와쇼보, 2012 참조.

8 소니아 애리슨 『『100세 시대』를 초월한 세계 - 20XX년, 일, 가족, 사회는 어떻게 변화하는가?』 쓰치야 아키코 역, CCC미디어하우스, 2013 참조.

9 WHO, *World Report on Ageing and Health*, 2015 (http://www.who.int/ageing/publications/world-report-2015/en).

비와 간병 필요도가 급격히 상승한다. 단카이 세대가 75세가 되는 2025년에는 의료비와 간병비 지출의 급격한 증가가 우려된다.

(1) 장수화와 연금 재정의 지속가능성

의료·개호보험과 마찬가지로 지속가능성이 불안한 제도에 공적연금이 있다. 노년 대비 보험인 공적연금제도에서 기대수명의 연장은 장수 리스크와 연금보험 리스크의 증가로 이어진다. 초고령사회에서 연금 재정을 유지하려면 '① 보험료 인상, ② 급여 인하, ③ 지급 개시 연령 상향'이라는 방안 중 하나를 선택하거나 몇 가지를 선택·조율해 시행할 필요가 있다.[10]

선진국이 채택하는 부과 방식 연금 재정 구조는 다음과 같은 균등식[11] 으로 나타낼 수 있다.[12]

$$보험료율 = \frac{고령자\ 수(연금\ 수급\ 자격자)}{현역\ 노동자\ 수(연금\ 가입자)} \times \frac{평균\ 연금액}{평균\ 임금}$$

균등식의 우변 제1항의 '고령자 수/현역 노동자 수' 중에서 분자의 '고령자 수'는 수명 연장에 따라 증가하며 분모의 '현역 노동자 수'는 출생률과 노동력률에 따라 변한다.

2004년 연금개혁에서 정한 것처럼 ① 보험료 인상이라는 선택지를 봉인하고 2017년도 이후 보험료율을 고정할 경우, 이 균등식을 성립시키기 위해서는 수명 신장분과 저출산의 진전 만큼 평균 연금액/평균 임금을 인하할 필요가 있다.

• • •

10 연금 재정 방식에 관해서는 고마무라 고헤이 『일본의 연금』 이와나미쇼보, 2014를 참조했다.

11 균등식을 유지한다는 것은 연금 재정의 수입과 지출이 균등하며 연금 재정을 유지할 수 있다는 의미이다.

12 간략화를 위해서 임의적립금 이익, 운용 이익 및 세금을 재원으로 한 수입은 버린다.

연금 수급 수준을 인하하는 제도를 일본에서는 매크로 경제 슬라이드[13]라고 한다. 즉, 저출산과 평균수명 연장 대응책으로 일본은 ② 급여 인하를 현행 제도로 선택했다. 이외에도 균등식을 유지하려면 수명이 연장된 만큼의 비용을 흡수하는 연금 지급 개시 연령을 상향하는 방법도 있다. 늘어난 수명만큼 연금 지급 개시 연령을 상향하면, 연금을 받는 고령자 수는 늘지 않게 된다.

지금까지 선진국의 대응은 ② 급여 인하가 중심이었다. 각국의 고령자는 건강하고 활동적이 되었으며 그 결과 근로 기간이 길어졌다. 고령자 취업률도 상승세를 보이고 있지만, 이러한 분위기에는 연금급여 인하에 따른 노후 소득 보장에 대한 불안감이 도사리고 있다.

연금급여 인하만이 아니라 ③ 지급 개시 연령 상향을 대응책으로 선택하는 국가도 있다. 덴마크는 평균수명 연장과 연금 지급 개시 연령을 연계하는 제도를 도입했다.

현재 일본의 연금제도는 2025년까지 연금 지급 개시 연령을 65세로 상향하고(여성은 2030년), 이후로는 연금 지급 개시 연령을 고정하기로 했다. 향후 지속적으로 수명이 늘어나는 문제는 매크로 경제 슬라이드로 대응할 수 있다고 보고 2014년 연금 재정 검증에서 시뮬레이션한 8개 사례 중에서 경제성장과 노동력률을 상향 상정한 사례5에서 연금 재정이 지속가능하다고 평가했다.

이처럼 일본의 연금제도는 장수화가 진전되어도 재정을 지속적으로 유지할 수 있도록 하는 제도 마련을 마쳤다. 단 수명 연장과 출산률 감소로 급여 수준이 크게 낮아진다는 점에는 큰 문제가 있다. 2014년 연금 재정 검증에서 후생연금 가입자의 실질 연금 수준(임금 상승률 대비)은 마이너스 20%, 기초연금은 마이너스 30%로 전망한다.

• • •

13 매크로 경제 슬라이드는 현재 약 1%로 보고 있다. 매크로 경제 슬라이드가 적용되는 기간 동안 연금 인상률은 임금과 물가 상승률보다 1% 정도 낮게 동결되는 효과가 있다. 매크로 경제 슬라이드의 적용 기간이 장기화되면 연금 상승은 억제된다. 단, 매크로 경제 슬라이드는 물가와 임금이 상승 국면일 때만 적용할 수 있다.

도표1-5	연금 재정 유지를 위한 정책이 각 세대에 미치는 영향	
정책	고령 세대의 연금 수준에 대한 효과와 부담	젊은 세대의 연금 수준에 대한 효과와 부담
① 보험료율 인상	영향 없음	영향 있음(마이너스)
② -1 연금 개정률 (매크로 경제 슬라이드 적용 기간의 장기화/단축)	영향 있음 (마이너스/플러스)	영향 있음 (마이너스/플러스)
② -2 젊은 세대의 급여승률 인하/인상	영향 없음	영향 있음 (마이너스/플러스)
③ 장래 연금 지급 개시 연령 상향	영향 없음	영향 있음(마이너스)

(출처) 필자 작성.

(2) 연금 재정 선택지

기초연금 급여 수준을 대폭 낮추면 노인 빈곤율이 높아지기 때문에 향후 큰 문제가 된다.

앞에서 이야기했듯이 연금 재정을 유지하기 위한 대책으로는 ① 보험료율 인상, ② 연금 개정률[14]과 급여승률[15] 등 계산식을 바꾼 급여 수준 인하, ③ 연금 지급 개시 연령의 상향이 있다.

이 세 가지 대책이 고령 세대와 젊은 세대에게 미치는 영향은 전혀 다르다. 이를 정리한 것이 도표1-5이다.

• • •

14 연금 개정률은 보통 급여 전에는 임금에 연동하며 급여 후에는 물가에 따라 개정된다. 급여 이후 연금액이 물가 동향에 연동하면서 연금의 실질 금액이 유지된다. 매크로 경제 슬라이드는 물가 상승률보다 연금 개정률을 낮게 설정해서 연금의 실질 가치를 떨어뜨리는 제도이다.

15 급여승률이란 예컨대 연금에 1년 가입하면 연금액이 어느 정도 증가하는지가 결정되는 계수이다. 일본의 후생연금은 근로기 평균 임금(근로기에 경험한 임금 상승률을 현재 가치로 변환)과 가입 시기에 따라 결정되지만 급여승률은 약 0.55%로 설정된다. 이 숫자가 클수록 연금에 추가로 가입하는 편이 유리하며 연금액에 반영된다. 약 0.55%라면 40년 가입할 경우, 현역 시기 임금(임금 상승률을 재평가한 후)의 22%를 곱한 값이 연금액이 된다는 의미이다.

(3) 연금 지급 개시 연령 상향의 효과

일본의 연금제도에는 개인의 판단에 따라 연금 수급 시기를 65세보다 늦추면 연금액이 가산되는 '연기지급제도'가 있다. 수령 시기를 1년 늦추면 연금을 약 7% 더 받을 수 있다. 게다가 연금 수령을 미룬 1년 동안 취업을 해서 연금에 가입한다면 연금액을 더 늘릴 수 있다. 즉, 개인의 선택에 따라 65세 이상의 고령자라도 일을 하거나 연금 수령 시기를 늦춘다면 매크로 경제 슬라이드로 인한 급여 인하를 일부 상쇄할 수 있다.

이와는 별개로 정부가 앞으로 현재 젊은 세대의 표준적인 지급 개시 연령을 상향하고, 경제 전체의 노동력률을 끌어올려 경제성장을 견인할 수 있다면 매크로 경제 슬라이드 적용 기간을 단축할 수 있을 것이다. 단 이 경우에는 유의할 점이 있다. 도표 1-5에서 볼 수 있듯이 매크로 경제 슬라이드 적용 기간의 단축으로 인한 연금급여 수준의 인상 효과, 연금 수준의 개선 효과는 지급 개시 연령을 상향해서 연금 재정에 공헌하게 될 세대만이 아니라, 이미 연금을 수령하고 있는 고령자에게도 미치기 때문이다.

세대 간 파급 효과를 방지하고, 연금 지급 개시 연령을 상향해서 연금 재정에 공헌하는 세대의 연금 수준만을 높이기 위해서는 모든 세대에 적용하는 매크로 경제 슬라이드의 적용기간을 단축하는 것이 아니라, 연금 지급 개시 연령 상향으로 인한 연금 재정 개선 효과만큼 해당 세대의 급여승률을 높이는 방향의 연구가 필요하다.

2 고령자 고용에 대한 기대

출산율 감소로 노동인구가 줄어들면서 고령자의 노동력 확보가 중요해졌다. 초고령사회에서 65세 이상을 일괄해서 고령자로 보는 기준을 수정할 필요가 있다. 적어도 65~69세와 70세 이상으로 구분해야 한다.

우선 고령자의 체력에 주목해야 한다. 문부과학성 「2014년도 체력·운동능력 조사」에 따르면 일본 고령자의 체력은 최근 20년간 크게 개선되었으며 신체능력도 약 10세 개선되었다. 국민 의식도 변화했다. 내각부 여론 조사 「2013년도 노년기를 맞는 '준비'에 관한 의식 조사」에 따르면 국민이 '고령자로 보는' 연령 평균은 70세였다. 따라서 일본은 '65~69세'를 '후기 현역'으로 정의하고 해당 연령층의 '체력'과 '지력'을 잘 활용해야 한다.

만약 고령자의 노동력률이 오르면 젊은 인구가 감소해도 노동인구 감소를 어느 선까지는 보완할 수 있다. 도표 1-6은 ① '노동력률 증가가 가속되지 않는 경우', ② '정책에 따라 노동력률 증가가 가속되는 경우', ③ '연금의 표준 지급 개시 연령이 69세로 상향되어 많은 사람들이 69세까지 일하는 경우'를 나타낸다. ③의 경우 노동자 구성이 크게 변화되고 도표 1-7에서 볼 수 있듯이 40세 이상 노동자가 전체의 3분의 2 이상을 차지하게 된다.

노동인구에서 40세 이상이 3분의 2를 차지하게 되면, 노화가 인간의 능력을 어떻게 변화시키는지가 중요한 과제로 떠오른다.[16] 인간의 지적능력 변화에 관한 연구에 따르면 논리적 사고력과 추상적인 문제의 이해와 같은 유동성 지능〔도표 1-8-A의 WM(Working Memory)에 대한 '숫자 순서 기억', '유사 도표 패턴과 기호 패턴 발견 속도'〕은 나이가 들면서 쇠퇴한다고 보지만, 언어능력이나 대인조정능력과 같은 결정성 지능〔도표 1-8-A의 언어능력과 도표 1-8-B의 '외양에서 타자의 심리를 추측하는' 능력(Mind in Eyes Task)〕은 나이가 들면서 향상된다. 두 지능이 역전되는 연령은 일반적으로 40세로 보고 있으며, 인간은 이 두 지능을 조절해 노동능력을 유지한다.

고령자의 노동능력이 유지되고 취업 의욕이 강하다고 하더라도 문제는 65세 이후에 고용 기회를 얻을 수 있느냐는 점이다. 65세 이상 고령자의 고용 촉진에 대해서, 젊은 세대의 비정규 고용이 늘어가는 현 상황에서 고령자가 계속해서 일자리를 차지하게 된다는 비판도 있다.

그러나 일자리의 미스매치라는 미시적인 문제와 경제 전반의 노동력 부족이

• • •

16 Jack Botwinick 「노화의 과학」 무라야마 사에코 역, 미네르바쇼보, 1987 참조.

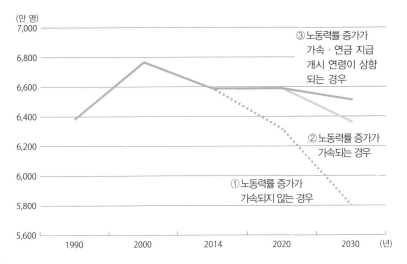

(만 명)

③노동력률 증가가
가속 · 연금 지급
개시 연령이 상향
되는 경우

②노동력률 증가가
가속되는 경우

①노동력률 증가가
가속되지 않는 경우

(출처) 필자 추계.

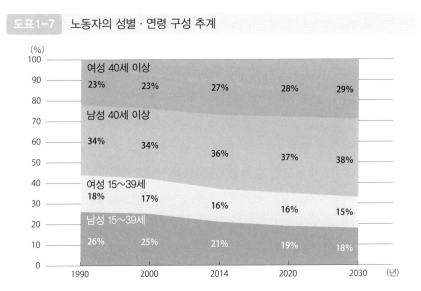

(주) 소수점 이하는 반올림.
(출처) 필자 추계.

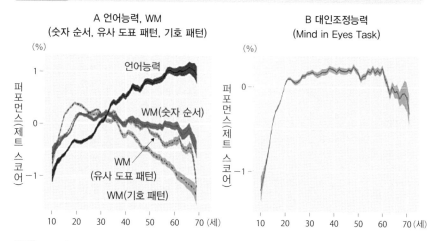

도표1-8 연령에 따른 유동성 지능·결정성 지능의 변화

A 언어능력, WM
(숫자 순서, 유사 도표 패턴, 기호 패턴)

B 대인조정능력
(Mind in Eyes Task)

(출처) Hartshorne, J. K. and Germine, L. T., "When Does Cognitive Functioning Peak? The Asynchronous Rise and Fall of Different Cognitive Abilities Across the Life Span," *Psychological Science*, 26(4): 433–43, 2015.

라는 거시적인 문제를 함께 논의해서는 곤란하다. 거시경제의 관점에서 보면 노동력은 과잉이 아닌 부족이며 일본 경제성장의 마이너스 요인이다. 젊은 세대와 고령 세대 사이의 고용 문제는 처우와 일자리의 미스매치에 원인이 있으며, 각 세대의 능력과 경험에 맞도록 역할을 분담하는 고용제도를 모색해야 한다.

젊은 세대일수록 장수 가능성이 높다는 점에서 연금 지급 개시 연령의 상향과 매크로 경제 슬라이드를 통한 연금급여 인하가 당연하게 느껴지겠지만, 정책적인 유의점도 있다. 모든 사람들이 장수를 누릴 수는 없다는 점이다.

소득 격차가 갈수록 커져가는 가운데 건강 상태나 소득에 따른 수명 격차도 커지는 경향이 있다. 후생노동성의 「2014년 국민 건강·영양 조사」에 따르면 '① 생활습관 등의 상황을 볼 때, 소득이 낮은 세대는 소득이 높은 세대에 비해 곡류 섭취량이 많으며 채소류와 육류 섭취량이 적다. ②상습 흡연자의 비율이 높다. ③ 건강검진 미수검자의 비율이 높다. ④ 치아 개수가 20개 미만

인 사람의 비율이 높다.' 등 저소득자일수록 건강 상태에 문제가 있다는 사실이 확인되었다.

앞에서도 말했듯이 평균수명이 늘어나는 만큼 연금 지급 개시 연령을 상향하거나 연금급여 수준을 하향한다면, 저소득자는 늘어나는 수명으로 고민해야 하는 불합리한 상황에 처해질 것이다. 마찬가지로 연금 지급 개시 연령의 상향은 고령자가 계속 일을 하는 상황을 전제하고 있지만, 저소득자는 건강상의 이유로 계속 일을 할 수 없을 수도 있다. 이 경우 일자리와 연금 모두 없는 기간이 발생하게 되므로 저소득자를 배려한 소득보장제도가 필요하다.

3 | 인지기능 저하가 초래하는 문제

나이가 들면서 신체능력뿐만 아니라 인지기능도 저하된다.[17] 향후 인지기능이 저하된 고령자가 증가하면서 여러 가지 사회 비용도 증가하게 될 것이다.

현대사회는 사람들이 자신의 판단능력에 책임감을 가진다고 전제한다. 그러나 장수사회에서는 인지기능이 저하된 사람이 증가한다. 현재 인지증 추정 환자는 약 500만 명으로 보고 있으며 2025년에는 약 700만 명 이상 수준으로 추계된다.[18]

고령자의 인지기능 저하가 초래하는 문제로 고령 운전자 교통사고 증가와 같은 가시적인 부분이 주목받고 있지만, 눈에 보이는 문제만 있는 것은 아니

• • •

17 인지기능, 뇌 기능 문제에 관한 부분은 존 E. 다우링 『뇌는 타고나는 것인가 길러지는 것인가－뇌과학 입문』 야스다 하지메 역, 세이토샤, 2006을 참조.

18 니노미야 토시하루 외 「일본의 인지증 고령인구 장래추계에 관한 연구」 2014년도 후생노동과학 연구비 보조금 후생노동과학 특별연구사업, 2014.

다. 인지기능은 일용품 구입이나 자산운용과 같은 경제 활동을 할 수 있는 상태를 전제로 한다. 경제 활동에서 거래 상대방이 인지기능에 문제가 있는 경우에는 여러 문제가 생기며 그에 따른 불확실성으로 경제 활동이 정체된다. 특히 단카이 세대는 많은 금융자산을 보유하고 있기 때문에 단카이 세대의 자산운용이 정체되거나 상속에 문제가 생기면 사회경제가 혼란과 정체를 겪게 된다.[19]

'노화로 인지기능과 판단능력이 저하된 고령자가 증가하는 문제에 사회가 어떻게 대응할 것인가'가 현대사회의 시스템 자체에 크게 영향을 미치게 된다.[20]

경제학에서는 합리적인 개인이 상정되어 각자의 선호·무차별 곡선과 소득, 가격 체계에서 규정된 예산 제약선상에서 개개인이 최적의 소비·저축을 선택하도록 한다. 그러나 실제로는 최적의 선택에서 계통적으로 괴리된 '행동 성향'인 경제 행동이 흔히 보여, 행동경제학적인 연구가 활발히 이루어지고 있다. 행동경제학에서 행동 성향은 의사결정에서 복잡한 정보 처리가 필요한 경우, 리스크와 불확실성을 동반하는 경우, 현재와 장래의 이익 모두에 영향이 있는 경우, 보상을 기대할 수 있는 경우에 발생한다.

여기서는 의사결정에 필요한 복잡한 정보처리능력의 저하, 즉 나이가 들면서 저하되는 인지기능의 문제를 자산운용의 관점에서 생각하고자 한다. 노화는 자산운용능력을 어떻게 변화시키는가? 지금까지 연구에서 자산운용능력은 50대 무렵 정점에 이르는 것으로 나타났다. 아가왈(Agarwal) 등은 2000~2002년에 걸쳐 금융기관에서 약 1만 4,800개의 데이터를 분석해 금융자산관리능력이 50대 초반에 정점이 된다고 보았다. 자산운용 동향은 도

---

19 히로타 스미레·마스다 신야·사카가미 다카유키 『심리학이 전망한 리스크의 세계』 게이오기주쿠다이가쿠슛판카이, 2002년에서는 고령자의 리스크 대응으로 '리스크 선택지를 포함한 선택을 피하거나 선택 자체를 하지 않음으로써 현상 유지를 꾀하는 행동'을 '선택 회피(Escape from Choosing)'라고 이름 붙였다.

20 이러한 문제에 관한 포괄적인 연구로는 R.A.포스너 『노화 현상과 고령자—고령사회를 둘러싼 법경제학』 구니타케 네부히사 역, 보쿠타쿠샤, 2015가 있다.

연령과 실질 금리(APR)의 변화

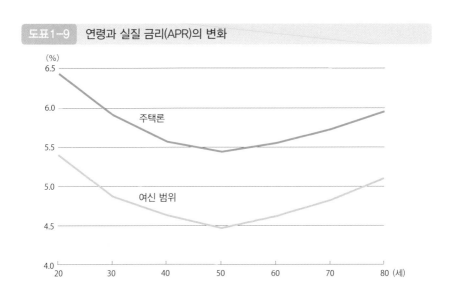

(출처) Agarwal, S. et al., "The Age of Reason: Financial Decisions over the Life Cycle and Implications for Regulation," *Brookings Papers on Economic Activity*, Fall 2009.

인지기능(추계치)과 자산운용 성적

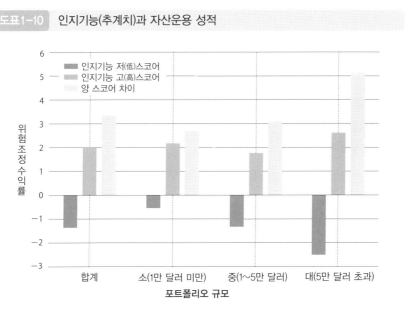

(출처) Korniotis, G. and Kumar, A., "Does Investment Skill Decline due to Cognitive Aging or Improve with Experience?" Social Science Research Network, 2005.

표 1-9에 나타나듯이 연령에 따라 주택론과 여신 범위에서 설정된 실질 금리 (Annual Percentage Rate: APR)가 어떻게 변화하는지에 따라 확인된다.[21]

또한 코르니오티스(Korniotis) 등은 1991~1996년까지 6만 명의 데이터를 이용해 인지기능과 자산운용 성적의 관계를 보았다. 코르니오티스의 분석은 인지기능을 직접 측정하지 않아도 인지기능을 설명할 수 있는 매개 변수를 이용해 간접 인지기능을 수치화하고, 인지기능의 대소(大小)로 위험조정수익률(리턴)이 얼마나 다른지를 측정한다.

이러한 결과를 통해 도표 1-10에서 나타나듯이, 자산운용의 형태는 노화로 변화하는 인지기능에 영향을 받는다는 사실을 알았다. 이에 관해서는 제5절에서 자세히 다루고자 한다.

4	초고령사회와 새로운 사회경제 모델

지금까지 살펴본 것처럼 기대수명 연장이 사회경제에 미치는 영향은 사회경제 시스템마다 다르며 득과 실도 다를 수 있다. 인류 역사를 돌아볼 때 페스트로 급격한 인구 감소를 겪게 된 14세기 유럽에서는 심각한 노동력 부족에 직면해 사회경제 시스템을 바꿔야 할 필요성을 실감하게 된다. 급격한 인구구조 변화가 관계망이 좁은 혈연사회와 배타적인 길드제도를 재구축하고 합리적인 사고와 기술혁신을 촉진하는 계기가 되었다. 일본 또한 급격히 진행되는 초고령사회에 맞춰 사회경제 시스템을 바꿔야 하는 시기에 있다.

초고령사회에서 나이대로 활동 영역을 구분하는 통념을 깨고 나이에 관계없

• • •

21 신용 카드 사용 이력(신용 카드의 한도, 사용률, 지불 이력, 파산 등의 부정적인 정보)의 점수가 낮을 경우, 금리기 높게 책정된다.

이 지속적으로 일하고 배울 수 있는 사회를 구축하는 일이 중요하며, 그 시작은 ① 65세 이상을 일률적으로 고령자로 보는 통념 깨기, ② 늘어난 수명에 맞는 정년과 경력에 맞는 대우 등 고용제도와 관행을 철저히 재검토하기, ③ 연금, 의료, 개호보험 가입 제한 연령과 재정 조정을 규정하는 연령을 근본적으로 재검토하기 등 사회보장제도를 비롯한 제도 개혁을 추진할 필요가 있다.

한편 건강과 인지기능 유지는 개인의 책임과 노력만이 아니라 정책적인 지원이 필요하다. 소득 격차가 커지게 되면, 건강 격차와 수명 격차도 더욱 커질 가능성이 있다. 소득 수준에 관계없이 모든 국민이 장수사회의 혜택을 누릴 수 있는 건강, 교육, 노동, 사회보장 정책이 중요하다.

또한 인지기능이 저하되는 사람이 증가하는 상황을 전제한 새로운 제도와 인지기능 저하를 보완하는 기술, 인지기능이 저하된 사람 대신 경제 활동(거래, 자산운용, 자산관리)을 대행하는 제도 정비도 필요하다.

이상으로 고령화가 사회경제 시스템에 가져오는 영향과 대책을 검토했다. 고령화로 사회 환경이 변화하는 가운데 고령자의 경제 행동은 어떻게 변화하는가? 다음 절에서는 고령자의 경제 행동 및 투자 행동을 경제학적 관점에서 고찰하고자 한다.

---

5 | 고령화와 경제학: 문제 설정 범위

고령화와 금융·경제의 문제를 경제학의 관점에서 생각할 때는 경제학적 고찰이 지향하는 근본 목적을 상기할 필요가 있다. 경제학자가 시장 분석과 정책 제언을 하는 목적은 사회후생, 즉 총 효용을 최대화하는 것이다. 그중에는 고령자가 느끼는 주관적인 효용도 포함된다.

고령이 되면서 사람들의 경제 행동은 변화하지만, 이러한 변화의 옳고 그름의 판단 기준은 사회적 후생이 되어야 한다. 예컨대 고령자가 노화로 서서히 주식투자를 줄이고 은행예금을 늘리게 되었다면, 고령자가 그러한 행동을 '개선'해 좀 더 리스크를 감수하는 투자자로 돌아서는 편이 사회에 유익한지 여부는 단순하게 판단할 수 없다.

가령 고령자의 주관적인 '성향'의 변화로 리스크가 있는 투자보다 리스크가 없는 예금을 선호하게 되었다면, 리스크가 줄어들면 고령자의 효용이 상승하게 되니 사회후생도 상승하게 된다. 따라서 고령자에게 높은 리스크를 감수하게끔 유도하는 것은 고령자의 효용을 떨어뜨리고 사회적 후생을 악화시키는 결과가 된다. 이 경우 고령자가 리스크를 감수하기 쉬운 제도를 마련해도 사회적 후생이 저하되거나(고령자가 리스크를 감수할 경우) 혹은 고령자가 결국 리스크를 감수하지 않고 끝나게 될 가능성이 높다.

따라서 문제는 노화에 따른 경제 행동의 변화가 ① 인지기능 저하(인지 비용 상승)로 인해 발생하는가, 혹은 ② 성향의 변화(선호의 변화)로 인해 발생하는가이다.

만약 ① 이라면 고령자의 경제 행동 변화로 인해서 고령자가 주관적으로 불행해지기 때문에 인지기능을 개선하는 제도를 마련해 고령자의 행복도를 높여서 사회후생을 견인할 수 있다. 한편 ② 라면 고령자가 주관적으로는 행복한 상태이기 때문에 인지기능을 개선하는 제도를 마련해도 사회후생을 개선한다는 경제 정책의 연구 목적에 공헌하지는 못한다.

따라서 고령화와 경제에 관한 문제의 본질은 '노화에 따른 경제 행동 변화의 원인은 인지 비용 상승과 성향의 변화 중 어느 것인가?'이다. 그리고 이 판단에는 의학적인 검증이 반드시 필요하다.

예컨대 고령자가 리스크 회피적인 투자 행동을 하는 이유가 '인지 비용 상승' 때문이라면 고령자는 리스크를 감수하고 싶어도 감수할 수가 없기 때문에 주관적으로 불행해진다. 기술적으로 인지 비용을 감소시키는 정책이 시행된다면 고령자는 적극적으로 리스크를 감수할 수 있게 되어 주관적으로 행복한 상태가 된다. 이는 곧 사회후생의 증대를 의미한다. 자본시장 면에서도 고령자의 리스크 감수가 활발해지면 리스크 자금의 공급이 증가해 자산거래가 활발해지고 리스크를 동반한 기업 활동이 활발해지기 때문에, 경제 전체의 활성화와 경제성장률 향상을 기대할 수 있다.

한편 고령자가 리스크 회피적이 되었을 때 그 이유가 '성향의 변화'라면 애초에 리스크 회피의 이유가 고령자의 행복도를 높이기 위해서이기 때문에 사회후생을 향상시킨다는 관점에서 현상을 바꿀 필요가 없다. 가령 기술적으로 인지비용을 감소시키는 제도가 실현된다고 해도 고령자는 리스크를 감수하지 않을 것이다.

이처럼 고령자의 경제 행동 변화가 '인지 비용 상승'과 '성향의 변화' 중 어느 원인에 의한 것인지에 대한 진단에 따라 사회가 필요로 하는 정책이 달라진다는 사실을 염두에 두고 고령화와 금융·경제의 문제를 논의해야 한다.

6 | 고령화와 디플레이션의 관계

인플레이션과 디플레이션 등의 경제 현상에서는 기대 형성이 중요한 역할을 한다. 경제학에서는 사람들이 합리적으로 장래를 계산해 기대를 형성한다는 '합리적 기대 가설'을 가정한다. 물론 현실에는 비합리적인 장래를 기대하는 사람도 있겠지만 그런 사람은 '소수파'라고 경제학에서는 가정한다.

고령자는 인지기능이 저하되면서 합리적인 기대를 가지기 힘들어진다. 사회가 고령화되고 고령인구 비율이 높아지면서 사회에 비합리적인 기대를 가진 사람들이 늘어나게 되면, 비합리적인 미래를 기대하는 사람들을 더 이상 소수파라고 보기 힘든 상황이 된다. 그렇게 되면, 경제 현상을 합리적 기대 가설에 기초해 생각하는 현재의 경제학 이론의 프레임이 바뀌게 될 것이다.

그 예로 들 수 있는 것이 일본의 디플레이션과 금융 정책에 관련된 논의이다. 장기간 디플레이션이 이어진 일본의 경제 상황은 경제학적으로 불가사의한 현상이며, 고령인구 증가가 금융 정책의 효과에 무언가 영향을 미치고 있는 것이라는 견해가 종종 나오고 있다.

시라카와 마사아키 전 일본은행 총재가 재임 기간 동안 고령화와 일본경제의 관계에 많은 관심을 기울여왔다는 사실은 유명하다. 일본총합연구소의 모타니 고스케는 2010년에 『디플레이션의 정체(正體)』라는 저서를 간행하고 고령화가 디플레이션의 원인이라는 견해를 밝혔다. 당시에는 대부분의 경제학자가 반론을 펼쳤지만, 지금 생각해보면 어느 정도 맞는 부분이 있다는 생각이 든다.

고령화가 경제의 디플레이션을 심화시킬 가능성은 다음과 같은 메커니즘에서 발생하는 것으로 보인다. 우선 고령자는 노화와 함께 인지비용 증가와 성향의 변화로 리스크를 동반한 투자보다 리스크를 동반하지 않는 유동성 자산(은행예금 등)을 늘리게 된다. 그 결과 경제 전체에서 유동성 자산의 수요가 증가하고 화폐가 사장되는 비율이 증가한다. 그렇게 되면 화폐의 유통 속도가 떨어지고 재화·서비스에 비해 화폐가 희소해진다. 그 결과 화폐의 재화·서비스 가격이 떨어지고 물가가 하락(디플레이션)하게 된다.

이러한 메커니즘이 작동하면 고령화가 심화되면서 화폐를 사장하는 사람의 비율이 늘어나 디플레이션 경향이 강해진다. 디플레이션 탈출은 거시경제 정책 목표의 하나이므로 목표를 달성하려면 화폐의 유통 속도를 높여야 한다. 그러나 현재의 경제학에서 화폐의 유통 속도는 정수(定數)라고 가정하며 정책에 의한 변경은 상정하지 않는다. 따라서 어떻게 하면 화폐의 유통 속도를 변경할 수 있는지 전혀 알 수 없는 것이 솔직한 상황이다.

만약 화폐의 유통 속도가 상승하지 않는다고 한다면 어떤 거시경제 정책 운영을 생각할 수 있는가? 통상 고령화가 진전된 사회의 거시경제 정책과 그 이외의 경제 정책을 어떻게 분석하고 판단해야 하는가? 이 점을 생각할 때 중요한 방법론이 라이프 사이클 모델(Life Cycle Model)이다.

7 | 라이프 사이클 모델의 새로운 발전

사회 각 세대 연령 구성을 재현하고 고령화의 영향을 현실적으로 설정해 분석하는 거시경제학 분야로 라이프 사이클 모델이 있다. 거시경제학 표준 모델에서 가계(家計)는 영원히 산다고 상정한다. 즉, 가계는 한 명의 인간이 아닌 세대를 초월해 영원히 계속되는 '가족'이라고 상정한다. 라이프 사이클 모델에서는 표준 모델과 달리 유한한 수명을 사는 각각의 인간을 모델화했다. 이는 세대 중복 모델을 다양화한 모델이라고 할 수 있다.

라이프 사이클 모델에는 다양한 변형이 있다. 예컨대 한 명의 인간은 최대 100세까지 산다고 가정하며 매년 일정 확률로 사망한다. 생존한 인간은 젊은 시절에는 노동을 해서 임금을 받고 저금을 하고 소비를 한다. 나이가 들면서 일정 연령이 되면 일에서 은퇴하고 연금을 수령해서 소비하는 생활을 한다. 이러한 역할을 하는 인간이 각 연령층에 상응하는 인원수만큼 존재한다.

라이프 사이클 모델을 사용한 거시경제학 연구는 과거 20~30년에 걸쳐 확대되었으며 2011년 노벨경제학상 수상자인 토머스 사전트(Thomas Sargent, 뉴욕대 교수)를 필두로 다수의 경제학자에 의해 연구가 발전했다. 아이세 임로호로글루(Ayse Imrohoroglu, 서던캘리포니아대 교수), 셀라하틴 임로호로글루(Selahattin Imrohoroglu, 서던캘리포니아대 교수), 에릭 프렌치(Eric French, 런던대 교수), 마리아크리스티나 드 나디(Mariacristina De Nardi, 시카고 연방준비은행 수석 경제학자), 리처드 앤턴 브라운(Richard Anton Brown, 애틀랜타 연방준비은행 수석 경제학자), 기타오 사기리(게이오기주쿠대 교수) 등의 연구자가 대표적이다.

라이프 사이클 모델은 지금까지 주로 노동시장 문제와 사회보장제도 문제를 분석했다. 이 모델에서는 나이가 들면서 운동기능이 변하고 이에 따라 노동생산성이 변하게 되는, 노동자가 시간의 경과로 노쇠해지면서 일어나는 문제들에 대해 자연히 분석할 수 있게 된다. 따라서 은퇴 연령과 연금 지급 연령의 관계 등 노동과 사회보장에 관련된 정책 분석이 활발하게 실시되어왔다.

그런데 이상하게도 이 책에서 다루는 고령자 투자행동을 라이프 사이클 모델에서는 전혀 연구하고 있지 않다. 금융시장 분석이 노동 분석보다 진입 장벽이 높은 것은 사실이지만 연구기술 면에서 곤란을 겪고 있어서라기보다 '고령자의 투자행동이 연구 과제'라는 의식 자체가 경제학자들에게 희박했던 것으로 보인다.

이 책에서 제기하듯이 최근 고령자의 투자 행동은 중요한 정책 과제이다. 고령자의 인지기능이 서서히 쇠퇴한다는 점과 고령화로 불합리한 기대를 형성하는 사람이 늘어난다는 점을 감안한 라이프 사이클 모델을 만드는 것이 그리 어려운 일은 아닐 것이다. 이 두 가지 요소를 도입해 '고령에 따른 투자자의 성향 변화'를 연구한다면 라이프 사이클 모델 연구에 새로운 지평을 열 가능성이 있다.

이처럼 매크로 경제 모델을 사용한 금융시장 분석으로 고령화와 금융·경제의 문제점을 정면 돌파하는 경제학을 만들어내기를 기대한다.

8 정책적 · 실무적 논점 제시

고령화에 대응한 사업 정책과 경제 정책을 생각할 때, 법제도적인 관점에서 제약조건 등을 분명히 할 필요가 있다.

제3장에서 다루는 빅데이터를 활용한 진단 시스템 개발은 개인정보보호법

과 의료 관련 법규와 관련해 매우 강력한 제약이 있을 테지만, 고령자의 투자 행동을 돕는다는 측면에서 법적 제약을 면밀히 조사한 연구가 부재하기 때문에 향후의 연구 주제로 중요하다.

또한 인지증 등으로 자산운용의 의사결정이 불가능하고 제7장에서 다루듯이 가족이나 금융기관의 지원도 받지 못하는 상태에서 소위 '갈 곳 없는' 고령자의 자산이 발생하는 경우에는, 해당 자산을 보관하는 공적 펀드를 설립해서 리스크 자산에 투자하도록 운용한다면 리스크 분산 효과로 사회 전체에 리스크 머니의 공급이 증가되면서 고령자 개개인의 자산 손실 리스크는 낮은 수준으로 억제할 수 있다.

공적 펀드 설립은 리스크 머니 공급의 증가라는 사회적 의의는 높지만 공적 펀드가 효율적으로 운영되지 않으면 큰 손실을 낳게 된다. 노년을 위한 자산이라는 의미에서 유사한 공적 펀드로는 국민연금 및 후생연금의 적립금을 운용하는 GPIF(연금적립금 관리운용 독립행정법인)가 있다. GPIF의 거버넌스 개혁을 모델로 참고하면서 효율적으로 최적의 리스크를 감수하는 공적 펀드를 운영하는 조직 설계를 구상할 수 있다면 유용할 것이다.

(고마무라 고헤이 · 고바야시 게이이치로)

〈참고 문헌〉

금융홍보중앙위원회 「행동경제학을 금융 교육에 응용함의 중요성」, 2012 (http://www.shiruporuto.jp/teach/consumer/report4/pdf/ron120319.pdf).

금융홍보중앙위원회 「행동경제학을 금융 교육에 응용함에 따른 소비자의 학습 촉진과 행동 개선」, 2013 (https://www.shiruporuto.jp/teach/consumer/report5/pdf/ron131105.pdf).

제2장

인지기능이 저하된
고령자의 의사결정

고령화에 따른 인지기능 저하

인지기능이란 외부 정보를 적절히 처리하는 기능부터 무엇인가를 외우고 시간이 지난 뒤에 생각해내는 기억기능, 정보에 기초해 적절하고 신속하게 판단해야 하는 복잡한 기능 등 다양한 기능을 말한다. 이러한 인지기능이 저하되면 일상생활에 지장이 생긴다.

노화로 인해 인지기능이 저하되는 원인에 대해서는 다음과 같은 네 가지 가설이 있다.[1]

● 정보 처리 속도의 문제

고령이 될수록 정보를 처리하는 속도가 떨어진다. 따라서 같은 과제를 처리하는 젊은 사람보다 시간이 더 많이 걸린다.

● 작동기억의 문제

복수의 사건(예를 들어 A과제와 B과제)을 동시에 처리할 경우, A과제를 수행하는 동안 B과제를 의식하며 처리해야 한다. 반대로 B과제를 수행하는 동안에는 A과제를 기억할 필요가 있다. 이와 같은 기능을 작동기억이라 부른다. 이것은 복잡한 계산을 할 때나 몇 가지 요리를 동시에 만들 때 강한 영향을 미친다. 작동기억에 문제가 생기면 실수가 잦아지거나 일의 처리 순서에 문제가 생겨 시간이 더 많이 걸린다.

● 주의를 조절할 수 없는 문제

한 가지 사건을 완료하기 위해서는 완료 시점까지 계속해서 주의를 기울여야 한다. 동시에 사건과 무관한 여분의 정보에는 의식적으로 주의를 차단할 필

● ● ●

1 사토 신이치·다카야마 미도리·마스모토 고헤이 『노화의 마음 ― 고령과 성숙의 발달심리학』 유히가쿠아루마, 2014.

요가 있다. 이러한 기능이 저하되면 주의력이 흐트러지며 즉흥적으로 행동하는 모습을 보인다.

● 청각, 시각, 촉각 등 감각 정보의 처리 문제

감각 기관으로 정확한 정보가 입력되지 않으면 정확한 판단이 이루어지지 않는다. 인지기능 저하의 93.1%가 청각과 시각의 저하가 원인이라는 실험 결과를 보여주는 연구가 있다.[2]

1 인지기능 저하와 인지증

일반적으로 인지증이란 '후천적 장애로, 획득했던 지적기능을 잃고 자립적인 일상생활 기능을 상실한 상태'를 말한다. 환자와 환자 가족의 일상생활 모습을 임상적으로 진단하고 뇌의 구조 변화(MRI(핵자기 공명영상), CT(컴퓨터 단층촬영) 등), 뇌의 기능 변화(SPECT(단일광자 방출 단층촬영), PET(양전자 방출 단층촬영) 등), 인지기능 수준(신경정신학적 검사, 환자의 호소, 가족의 보고 등)을 검사한 결과에 기초해 국제 인증 기준에 따라 진단을 내린다.

생활기능 수준을 평가하는 기준으로는 임상인지증척도인 'CDR(Clinical Dementia Rating)'(도표 2-1)가 있다. 임상적으로 환자와 가족을 문진하면서 기억, 지남력[3], 판단력과 문제 해결, 사회 적응, 가정 상황 및 취미·관심, 개호 상황과 같은 각 항목을 평가해서 종합적으로 판단한다. 신중하게 문진하고 평가하기 위해서는 상당한 시간이 소요된다. CDR은 0(정상 범위), 0.5(인지증 의심), 1(경도 인지증), 2(중등도 인지증), 3(고도 인지증)으로 평가하며, 일반적으로 CDR 척도 1부터 인지증에 해당한다.

●●●

2 Baltes, P. B. and Lindenberger, U., "Emergence of a Powerful Connection Between Sensory and Cognitive Functions Across the Adult Life Span: A New Window to the Study of Cognitive Aging?" Psychology and Aging, 12(1):12–21, 1997.

3 시간, 장소 등을 파악하는 능력. (옮긴이)

❷ 인지증의 인지기능 평가

인지기능 수준을 평가하기 위해서는 개정 하세가와 식 간이 지능검사법
(Hasegawa Dementia Rating Scale-Revised: HDS-R)과 간이 인지기능검사
(Mini-Mental State Examination: MMSE)를 사용하는 경우가 많다. 이 검사
들은 '지남력(현재 일시나 장소를 알고 있는가)', '기억(단시간에 복수의 단어를 기억할
수 있는가)', '주의(집중해서 같은 숫자를 뺄셈할 수 있는가)', '언어(글을 읽고 쓰는 것을 포
함한 표현 구사에 문제는 없는가)' 등, 인간의 뇌가 담당하는 인지기능을 평가할 수
있다. 단시간에 질병 가능성을 알아볼 수 있다는 점이 이 검사의 장점이지만, 각
기능의 저하가 분명하게 판별되지 않을 때는 좀 더 상세한 인지기능검사를 실시
해야 한다.

노화로 인해 인지기능 저하가 발생하는 한 원인으로는 뇌의 구조와 기능의
변화가 있다. 횡단 연구(여기서는 세대가 다른 집단을 세대 이외의 조건은 동일하게
한 뒤 실험과 조사를 실시해, 세대 간의 차이를 비교하는 연구를 말한다.)에 따르면, 고
령이 되면 일의 처리나 판단에 중요한 역할을 하는 전두전야(前頭前野)가 위축
되는 것으로 나타났다.

또한 뇌신경 사이의 정보 전달에 작용하는 신경전달물질 중 하나인 도파민
은 특히 중요한데 고령이 되면서 감소한다. 이처럼 노화로 인해 뇌에 변화가 생
기고 그 결과 인지기능이 저하된다. 따라서 자립적으로 생활할 수 있는 고령자
는 인지증이 아니다.

한편 인지증 고령자는 일반 고령자보다 뇌가 위축되는 속도가 빠르며 뇌기
능도 저하된다. 따라서 인지기능 저하도 현저하다. 예컨대 건망증이 심해진다.
중요한 약속을 잊어버리거나 중요한 물건을 잃어버리기도 한다. 판단능력이 저
하되면 상황을 장기적으로 보지 못하고 눈앞의 이익을 좇게 된다(결과적으로 큰
손해를 보게 된다.). 그 결과 자립적인 생활을 영위할 수 없게 된다.

도표2-1	임상인지증척도(CDR)				
	정상 범위 (CDR 0)	인지증 의심 (CDR 0.5)	경도 인지증 (CDR 1)	중등도 인지증 (CDR 2)	고도 인지증 (CDR 3)
기억	기억장애 없음, 이따금 무엇인가를 잊음	일관되게 무엇인가를 잊음. 사건을 부분적으로 기억하는 양성 건망	중등도 기억장애, 특히 최근 사건에 대한 기억장애. 일상생활에 지장이 생김	고도 기억장애, 고도로 학습된 기억은 유지, 새로운 기억은 바로 잊음	고도 기억장애, 단편적 기억만 잔존
지남력	지남력 장애 없음	왼쪽과 동일	시간에 대한 장애가 있으며, 검사에서는 장소, 인물에 대한 지남력 상실이 없음, 그러나 때때로 지리적인 지남력 상실이 있음	항시 시간 지남력 상실, 때때로 장소 지남력 상실	인물에 대한 지남력만 남음
판단력과 문제 해결	적절한 판단능력, 문제 해결	문제해결능력 장애가 의심됨	복잡한 문제 해결에 관한 중등도 장애, 사회적 판단력은 유지	중등도 문제해결 기능 장애, 사회적 판단력 장애	판단 불능, 문제 해결 불능
사회 적응	일, 쇼핑, 비즈니스, 금융거래, 봉사 활동이나 사회 모임에서 보통의 자립적인 기능	왼쪽에 기술한 활동에 경도 장애, 혹은 경도 장애 의심	왼쪽에 기술한 몇몇 활동이 가능하다 해도 자립적으로 기능을 수행하지 못함	가정 이외(일반 사회)에서는 독립적으로 기능을 수행할 수 없음	왼쪽과 동일
가정 상황 및 취미 · 관심	집에서 생활 · 취미, 지적 관심이 유지됨	왼쪽과 동일, 혹은 경미한 장애	가정생활에서 경미한 장애, 복잡한 가사는 곤란, 고도의 취미 · 관심 상실	단순한 가사 정도가 가능, 제한된 관심	가정 내 부적응
개호 상황	셀프 케어	왼쪽과 동일	때때로 격려가 필요	착탈의, 위생 관리 등 일상생활에 도움이 필요	일상생활에 충분한 개호가 필요, 종종 실금 증상

(출처) Hughes, C. P. et al., "A New Clinical Scale for the Staging of Dementia," *British Journal of Psychiatry*, 140: 566–72, 1982를 참고해 작성.

1. 기억장애를 호소함
2. 일상생활 활동은 정상
3. 전반적인 인지기능은 정상
4. 연령에 비해 기억력이 저하(표준화된 기억검사에서 평균보다 1.5SD 이상 밑돎)
5. 인지증으로 인정되지 않음
6. CDR 척도가 0.5

(출처) 다니무카이 사토시·아사다 다카시 『경도인지장애(MCI)』 『노년 정신의학 잡지』 16권 3호, 2005년, 296~301쪽에서 인용, 일부 변경.

❸ 건강과 인지증의 '중간'인 사람들

인지기능은 다소 저하되었지만 인지증의 정의에는 해당되지 않는, 이른바 회색 지대에 있는 고령자 역시 드물지 않다. 이들의 증상은 고령 때문일까, 인지증의 전조 증상일까?

로널드 피터슨(Ronald Petersen) 박사를 중심으로 하는 미국의 메이요 클리닉(Mayo Clinic) 그룹은 일반의에게 통원 치료를 받는 주민을 대상으로 추적 조사를 실시하고 장래 알츠하이머 인지증으로 진행될 위험이 있는 회색 지대 고령자에 대해 '경도인지장애(Mild Cognitive Impairment: MCI)'라는 개념을 주장했다. 그들은 MCI 진단 기준에서 기억장애를 호소하지만 일상생활 활동은 정상이었다. 전반적인 인지기능은 정상이지만 연령에 비해 기억력 저하를 보였고, 인지증 인정은 되지 않는 CDR 척도 0.5라는 6개 항목을 제시했다 (도표 2-2).

최근에는 사람들 사이에서 "인지증은 조기에 발견하는 것이 좋다."라는 인식이 점차 퍼져나가 직접 외래 검진을 받는 사람도 증가했다. 직접 검진을 받는 사람들이 말하는 증상은 '생활에 지장이 있는 정도는 아니지만 요즘 무언가를 곧잘 잊어버리게 되었다.'는 상태가 많다. 도표 2-2의 정의에 해당하면 MCI라고 진단할 수 있다. 병원을 찾는 사람 중에는 동반한 가족이 일상생활 활동은 '전과 다르지 않다'고 보았으며 실제로 본인을 검사해도 아무런 이상이 없는 경우가 있다. 이러한 상태를 주관적 인지장애(Subjective Cognitive Impairment: SCI) 또는 주관적 기억장애(Subjective Memory Impairment: SMI)라고 부른다.

이처럼 인지기능 저하가 있어도 상태가 가볍고 자립된 생활이 가능한 경우에는 인지증의 정의와는 맞지 않으며 인지증으로 진단하지 않는다. 보통 이 경우의 CDR는 0.5이다.

---

2 | 의사결정이란 무엇인가

1 의사결정의 정의

의사결정에 관한 의학적이고 보편적인 정의는 없지만 보통 일정 사건을 대하는 자신의 의사가 어떠한지 선택하는 능력을 말한다.

예컨대 환자의 치료 방법을 선택하는 의사결정능력('의료동의능력'이라고도 한다.)에 관한 연구에서는 의사결정능력을 네 가지 요소로 구분할 수 있다는 견해가 주류를 이룬다(애펠바움(Appelbaum)의 동의능력에 관한 네 가지 능력 모델)[4]. 네 가지 요소란 ①이해(understanding): 주어진 정보를 이해할 수 있는 능력, ②인식(appreciation): 주어진 정보에 대한 본인의 생각이나 이해한 바를 자신의 상황에 현실적으로 대입해 생각할 수 있는 능력, ③논리적 사고(reasoning): 주어진 정보와 자신의 희망을 논리적인 방법으로 처리할 수 있는 능력, ④선택의 표명

• • •

4 Appelbaum, P. S. and Grisso, T., "The MacArthur Treatment Competence Study. I: Mental Illness and Competence to Consent to Treatment," *Law and Human Behavior*, 19(2) : 105–26, 1995.

자산관리능력을 묻는 상황

은행 이용	쇼핑 일상생활에서 필요한 물건	일상생활을 유지하기 위한 자산관리능력 • 일상생활에 필수적 • 자립적인 생활을 유지하기 위해 필요
자산운용 고액 또는 장기적인 금융상품 계약		일상생활을 윤택하게 영위하기 위한 자산관리능력 • 필요하지 않은 사람도 있음 • 좀 더 적극적인 자산 활용

(출처) 에구치 요코 「자산관리능력 평가」 「Dementia Japan」 28권 4호, 2014년을 참고해 필자 작성.

(expressing a choice): 자신이 원하는 바를 주위에 전달할 수 있는 능력 등이다. 의사결정능력이 현저하게 떨어지면 자신의 의사를 정확하게 반영한 의사결정을 도출하기 힘들어진다. 그렇기 때문에 의사결정능력이 저하된 환자가 의사결정을 해야 할 때에는 환자의 입장에서, 환자라면 어떤 판단을 했을지 추측할 수 있는 사람이 의사결정을 대리하는 경우가 있다. 이를 '의료동의(醫療同意)의 대리'라고 한다.

2 의사결정이 문제가 되는 상황

우리는 일상의 여러 상황에서 의사결정을 한다. 예컨대 좋아하는 음식 A와 B를 앞에 두고 어떤 것을 먼저 먹을 것인지, 노후 생활 자금을 위해 부동산 매각을 할 것인지 등을 결정한다. 이는 모두 의사결정에 해당하는 문제이다. 그러므로 의사결정에 따라 선택한 행동의 결과가 자신의 생활에 미치는 영향이 클수록, 의사결정능력의 유지 여부가 중요해진다.

3 금전관리에 관한 의사결정능력의 문제

자산관리에 관한 의사결정은 자산관리능력(Financial Capacity)이 유지

도표 2-4	자산관리를 위한 의사결정능력을 형성하는 네 가지 능력
이해하는 능력	은행원과 케어매니저 등 타인이 설명한 내용(은행계좌 이용법, 성년후견제도 등의 서비스)을 이해하고 본인이 언어로 설명할 수 있다.
인식하는 능력	현재 자신의 자산관리 상황을 파악하거나 혹은 설명하는 내용을 타인의 일이 아닌 자신의 일로 파악한다.
논리적으로 판단하는 능력	서비스의 장단점 등의 정보를 비교·검토한 뒤에 무엇이 자신에게 유익한 선택인지 검토할 수 있다.
선택을 표명하는 능력	자신이 무엇을 하고 싶은지 의사를 흔들림 없이 분명히 밝힐 수 있다.

(출처) Appelbaum, P. S. and Grisso, T., "The MacArthur Treatment Competence Study. I: Mental Illness and Competence to Consent to Treatment," *Law and Human Behavior*, 19(2): 105–26, 1995에서 동의능력의 네 가지 능력 모델에 기초해 필자 작성.

될 때 이루어진다. 자산관리능력 연구의 일인자인 미국의 대니얼 마슨(Daniel Marson) 박사는 자산관리능력을 '개인의 가치와 관심을 기반으로 니즈(needs)를 충족시키는 수단이며 금전과 재산을 관리하는 능력'으로 정의한다.

실제로 자산관리능력은 일상생활과 관련해 크게 두 가지로 구분해서 생각하면 이해하기 쉽다. 하나는 자립적인 일상생활을 영위하기 위해서 꼭 필요한 능력이며 다른 하나는 살아가는 데 꼭 필요하지는 않지만 생활을 윤택하게 만들기 위한 능력이다(도표 2-3).

그렇다면 자산관리능력이란 무엇인가? 위에서 기술한 의료동의능력에 관한 네 가지 능력 모델을 적용하면 이해하기 쉽다(도표 2-4).

도표 2-4의 네 가지 능력(이해하는 능력, 인식하는 능력, 논리적으로 판단하는 능력, 선택을 표명하는 능력)이 정상적으로 기능한다면 자산관리능력이 유지되는 것이다. 따라서 본인이 표명한 자산관리 의사결정을 주위에서 최선이라 생각하지 않는다 하더라도 본인의 의사는 존중되어야만 한다. 단, 일반적인 의사결정과 동떨어진 이상 판단이라는 생각이 들 때는, 부당한 외부 압력을 받은 경

유형	후견	보좌	보조
사리분별 능력 정도	정신적인 장애로 사리분별 능력이 결여된 사람	정신적인 장애로 사리분별 능력이 현저하게 떨어지는 사람	정신적인 장애로 사리분별 능력이 부족한 사람
조문	민법 7조	민법 11조	민법 15조 1항
구체적인 예	자신의 재산을 관리·처분할 수 없을 정도로 판단능력이 결여된 사람, 즉 일상생활에 필요한 물건 구입도 혼자서 해결할 수 없어 대리인이 필요한 수준의 사람	판단능력이 현저하게 떨어진 상태이며 자신의 재산을 관리·처분하기 위해서 도움이 필요한 수준의 사람, 즉 일상생활에 필요한 물건의 구입 정도는 혼자서 해결할 수 있지만, 부동산이나 자동차 매매, 자택의 증개축, 금전거래와 같이 중요한 자산운용 행위는 혼자서 해결할 수 없는 판단능력의 사람	판단능력이 부족한 상태이며 자신의 재산을 관리·처분하기 위해서는 도움이 필요한 경우가 있는 사람, 즉 자신이 중요한 자산운용 행위를 할 수는 있지만 결과가 우려되기 때문에 본인의 이익을 위해서 누군가 일을 대신 처리하는 편이 나은 사람

(출처) 최고재판소 사무총국 가정국 「성년후견제도 진단서 작성 안내」 2011년을 참고하여 필자 작성.

우나 고령자 본인의 심신 상태에 이상이 있을 수도 있다는 점을 염두에 둘 필요가 있다.

4 성년후견제도에 대해

인지증이 진행되고 판단능력(법률 용어로는 '사리분별능력'이라 한다.)이 충분하지 못한 상태에서 계속 자산운용 행위를 해서 경제 범죄나 부당한 계약과 같은 사고에 휘말린 인지증 고령자가 있다고 하자. 자세한 내용은 제6장에서 다루겠지만, 이러한 사람들의 권리를 지키고 지원하는 제도가 2000년부터 시행된 새로운 성년후견제도이다.

성년후견제도는 크게 분류하면 법정후견제도와 임의후견제도 두 가지가 있다. 법정후견제도는 '후견', '보좌', '보조'의 세 가지로 분류되며, 금전에 관한 의

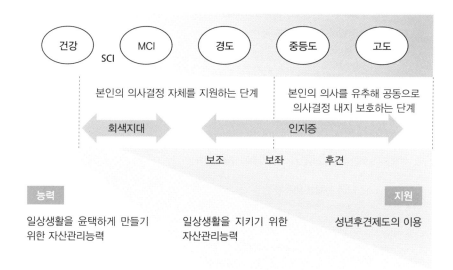

| 도표2-6 | 자산관리능력과 지원 |

건강 SCI MCI 경도 중등도 고도

본인의 의사결정 자체를 지원하는 단계 | 본인의 의사를 유추해 공동으로 의사결정 내지 보호하는 단계

회색지대 　　　　인지증

보조　　보좌　　후견

능력

일상생활을 윤택하게 만들기 위한 자산관리능력

일상생활을 지키기 위한 자산관리능력

지원

성년후견제도의 이용

(출처) 에구치 요코 「자산관리능력 평가」『Dementia Japan』 28권 4호, 2014년, 457쪽을 토대로 필자 작성.

사결정능력 수준과 본인의 사정에 따라 제도를 선택한다. 의사가 제출하는 진단서 작성을 위한 안내에 따르면 도표2-5에 나타난 사람이 이 세 가지 분류의 대상이 된다.

한편 임의후견제도는 향후 판단능력이 사라지게 될 경우를 대비해, 자신이 충분한 판단능력이 있는 동안에 사전에 선임한 대리인(임의후견인)에게 자신의 생활, 요양과 간호, 자산관리에 관한 사무대리권을 위임하는 계약(임의후견 계약)을 공증인의 공정 증서로 작성하는 것이다. 임의후견제도의 유형 등 자세한 내용은 제6장에서 다루고 있다.

인지기능 저하와 인지증 발병, 자산관리능력 및 성년후견제도를 포함한 지원 관계를 도표2-6에 간략하게 정리했다. 경도인지장애(MCI) 단계에서부터 자산관리능력이 떨어지기 시작하고, 경도 인지증 단계부터 성년후견제도를 이용하기 시작한다는 이미지이다.

1. 능력 평가가 필요하게 된 배경 정보를 수집한다.

2. 자신의 경제 상황에 관한 이해를 평가한다.
   재산, 수입, 지출, 부채, 부양가족 등
   (평가 포인트)
   - 실제 수입과 지출의 차이는 없는가?
     · 재산의 대략적인 견적이 올바른가?
     · 부양가족을 인식하고 있는가?
     · 어떠한 의사결정을 해야 하는지 알고 있는가?
   - 기본적인 금전관리 기술은 어떠한가?

3. 실제로 필요한 자산관리상의 의사결정능력을 평가한다.
   (평가 포인트)
   - 자산관리능력에 문제가 있음을 인정하는가?
   - 누군가에게 도움을 구하는가?
   - 최근 자산관리능력에 변화가 생겼는가?
   - 선택에 일관성이 있는가?
   - 선택을 할 때 리스크를 분명히 이해하고 있는가?

(출처) Capacity Assessment Office Ontario Ministry of the Attorney General, "Guidelines for Conducting Assessments of Capacity," 2005 (https://www.attorneygeneral.jus.gov.on.ca/english/family/pgt/capacity/2005-06/guide-0505.pdf)를 토대로 필자 작성.

3 ｜ 의사결정능력의 평가

■ 자산관리에 관련된 의사결정

앞에서 기술했듯이 자산관리에 관련한 의사결정을 위해서는 자산관리능력과 자기판단능력을 가지고 있어야 한다. 본인의 경제 상황과 성향, 지금까지의 인생 궤적과 향후 삶의 방향성 등은 사람에 따라 차이가 있다. 따라서 개인의 의사결정은 다양할 수 있다는 점을 주위 사람들이 사전에 인지할 필요가 있다.

■ 자산관리능력 평가

자산관리능력을 평가하는 순서로는 캐나다 온타리오 주의 CAO(Capacity

① 기본적인 금전기술 (만점 9점)
　동전과 지폐를 보인 다음 얼마인지 묻는다. 금전감각, 일상생활에서의 계산 문제

② 금전개념의 이해 (만점 5점)
　금전 관련 단어의 의미를 묻는다. (대출, 은행, 연금)

③ 금융기관의 이용 방법 (만점 4점)
　은행 창구에서 통장으로 돈을 인출하는 시뮬레이션
　ATM에서 돈을 인출하는 시뮬레이션

④ 물건 구입 행동 (만점 4점)
　슈퍼마켓에서 일용품 구입

⑤ 금전적 판단 (만점 10점)
　여러모로 금전을 사용하는 상황을 상정하고 적절한 대응이 가능한지 여부를 살핀다.
　(물건을 교환할 때의 기준, 대출을 받는 방법, 돈을 빌려달라는 요구, 무료로 물건을 배포할
　때, 방문판매)

⑥ 수입과 지출의 파악 (만점 5점)
　일상생활에서 수입과 지출을 파악할 수 있는지 여부를 묻는다.

(출처) 사쿠라바 유키에·구마자와 요시코·마쓰다 오사무 「Financial Competency Assessment Tool
(FCAT)의 작성과 검토—신뢰성과 타당성 검토」 『도쿄가쿠게이 대학 제1부문 교육과학』 55권, 2004년,
131-9쪽을 참고해 필자 작성.

Assessment Office)의 가이드라인이 일본에도 참고가 된다(도표 2-7).

　실제로 자산관리능력을 평가하는 방법에는 ① 자산관리능력 자체를 실제로
검사하기, ② 자산관리능력 수준을 추측할 수 있는 인지기능을 검사하기 등
두 가지 방법이 있다.

　방법 ①의 경우 자산관리에는 보유한 재산, 예컨대 부동산 매각과 주식 운
용부터 일용품 구입에 이르기까지 다양한 상황을 상정한다. 이러한 자산관리
행위를 실제로 관찰하고 이전처럼 활동할 수 있는지 여부를 주위 사람이 평가
한다. 단, 전문의나 심리상담가가 이미 병원 치료를 받고 있는 환자를 대상으
로 이 같은 평가를 진행하기는 어려우므로, 이러한 경우에는 문진(問診)으로 평
가를 대신한다.

또한 일본에서도 일상적인 상황을 검사에 반영한 FCAT(Financial Com-petency Assessment Tool: 자산관리능력 평가도구)[5]의 개발이 진행되고 있다. FCAT에서 평가하는 항목은 기본적인 금전기술, 금전 개념의 이해, 금융기관의 이용 방법, 물건 구입 행동, 금전적 판단, 수입과 지출의 파악 등이다(도표 2-8). 일상생활에서 발생하는 자산관리에 관한 행위를 진료하는 병원 검사로는 획기적이지만, 일상생활 유지를 위한 기본적인 자산관리능력 평가가 주된 내용이며 일상을 윤택하게 만들기 위한 자산관리능력에 관한 평가 항목 수는 적다.

방법 ②는 자산관리와 관련된 인지기능 평가를 통해서 자산관리능력 수준을 측정하는 방법이다. 자세한 내용은 다음 항에서 다루고자 한다.

❸ 자산관리와 관련된 인지기능

인지기능 저하가 자산관리능력에 명백하게 영향을 미치고 있다면 인지기능 검사로 자산관리능력 수준을 측정할 수 있다.

미국에서 개발된 자산관리능력 검사(Financial Capacity Instrument: FCI)의 기준은 건강한 고령자나 경도인지장애(MCI), 알츠하이머 인지증의 구분 없이 계산능력이 있다는 보고[6]와, 경도인지장애는 전두엽이 관여하는 주의력과 실행기능을 통해 예측할 수 있다는 보고[7]가 있다. 지금까지의 연구에서는 병의 진행 상태에 따라 자산관리능력을 예측하는 인지기능이 달라진다는 데 주의

• • •

5 사쿠라바 유키에·구마자와 요시코·마쓰다 오사무 「Financial Competency Assessment Tool (FCAT)의 작성과 검토 — 신뢰성과 타당성 검토」 『도쿄가쿠게이 대학 제1부문 교육과학』 55권, 2004년, 131–9쪽.

6 Sherod, M. G. et al., "Neurocognitive Predictors of Financial Capacity Across the Dementia Spectrum: Normal Aging, Mild Cognitive Impairment, and Alzheimer's Disease," *Journal of the International Neuropsychological Society*, 15(2): 258–67, 2009.

7 Okonkwo, O. C. et al., "Cognitive Correlates of Financial Abilities in Mild Cognitive Impairment," *Journal of the American Geriatrics Society*, 54(11): 1745–50, 2006.

를 기울여야만 했다.

현재는 서양을 중심으로 연구가 활발히 이루어지고 있으며 일본에서는 연구가 미흡한 실정이다. 서양의 연구는 법률 전문가가 함께 하는 경우가 많다. 자산관리능력 유무와 관련해 종종 법정 다툼이 있기 때문이다. 일상생활을 윤택하게 영위하기 위한 자산관리능력에는 원래부터 개인차가 존재한다는 관점에서 향후 경제 리터러시(literacy) 문제를 논할 수 있는 경제 전문가의 참여가 필요하다.

4 원격평가 시스템

1 원격의료 총론

일본의 원격의료는 1970년대에 도입되었지만 1990년대에 이르러 연구가 활발히 이루어졌으며 1996년, 후생성에 원격의료연구팀(반장: 세키하라 시게코토 도쿄 대학 교수(당시))이 조직되었다. 당시에는 영상 전송 중심의 원격의료가 대부분이었기 때문에 연구팀은 "원격의료란 영상을 포함한 환자의 정보를 전송해서 원격지에서 진단·지시하는 등의 의료 행위 및 의료와 관련된 행위를 말한다."라고 정의했다.

그 후 2005년에 일본원격의료학회가 발족되고 1996년 원격의료연구팀이 정의한 '원격의료'의 재검토가 이루어졌다. 그 결과 일본원격의료학회는 2006년 7월에 "원격의료(Telemedicine and Telecare)란 통신기술을 활용한 건강증진, 의료, 개호에 도움이 되는 행위를 말한다."라고 재정의했다. 또한 2011년 3월에 공표한 '재택 환자의 원격진료 실시 지침(2011년도 판)'에서는 "통신기술을 이용해 거리가 떨어진 두 지점 사이에서 이루어지는 의료 활동 전체를 의미

한다."라고 보았다.[8]

2 원격 인지기능 평가

최근에는 화상 회의 시스템을 이용한 원격 인지기능 평가가 주목을 받고 있다. 원격으로 인지기능을 평가할 수 있다면 숙련된 검사자가 근처에 있지 않아도 원격지에서 평가를 할 수 있으며 정밀도 높은 평가를 안정적으로 공급할 수 있다. 미국 식품의약국과 유럽 의약품청에서는 원격평가를 실시하고 있으며 해외에서는 정신과 분야 치료 실험에 이러한 중앙 평가를 활용하고 있다. 또한 일반정신과 진료에도 화상 회의 시스템을 이용한 원격의료의 보험 적용이 인정되고 있다.

일본 역시 이러한 기술을 활용하면 고령화에 따른 여러 과제와 의사의 도시 편재(偏在)와 같은 의료제도상의 많은 문제를 해결할 수 있을 것으로 기대할 수 있다. 게이오기주쿠 대학 의학부 정신·신경과학 교실의 기시모토 다이시로 강사 그룹은 인지증 선별 검사의 한 가지인 HDS-R의 대면진료와 원격진료의 신뢰성을 비교하고 두 검사에서 상당히 높은 일치도를 얻을 수 있다는 점, 화상 회의 시스템을 통한 원격 인지기능 평가는 대면을 통한 평가와 거의 동등하다는 점을 2016년에 보고했다.[9]

3 자산관리 관련 원격평가와 기계학습

지금까지 기술한 것처럼 개인의 경제 상황은 제각각이며 개인에게 요구되는 자산관리능력의 수준도 도표 2-9처럼 판단의 복잡성(예컨대 금융상품의 복잡성

· · ·

8 일본원격의료학회 「도설(圖說), 일본의 원격의료 2013」(http://jtta.umin.jp/pdf/telemedicine/telemedicine_in_japan_20131015-2_jp.pdf).

9 기시모토 다이시로·에구치 요코·이보시 기요코·기타자와 모모코·후나키 케이·나루모토 진·미무라 마사루 「고령자의 화상 회의 시스템을 이용한 개정 하세가와 식 간이 지능 평가 척도에 대한 신뢰성 시험」 『일본원격의료학회 잡지』 12권 2호, 2016년, 145-8쪽.

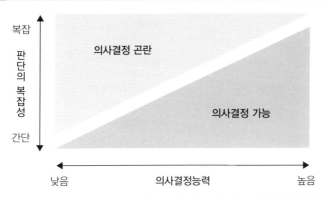

(출처) 나루모토 진 『정신장애인의 경제 활동에 관한 능력 평가와 그 지원에 대해』 『정신신경학 잡지』 특별호, S431, 2016년을 참고해 필자 작성.

등으로 치환할 수 있다.)에 따라 달라지기 때문에 실제 자산관리능력 평가는 매우 어렵다.

전문가의 평가가 필요하지만 전문가가 부족한 실정이다. 최근에는 통신기술을 이용한 화상 회의 시스템 등을 통해 개인과 전문가를 연결해 전문가 부족을 해결할 수 있다. 동시에 개인감정과 사적인 의혹 등이 배제되어 능력 평가에서 편견이 최소한으로 제한된다는 장점이 있다.

이렇듯 판단과 평가가 복잡하고 곤란한 자산관리 평가 문제도 최근 비약적으로 발전한 인공지능·기계학습으로 해결할 수 있다. 게이오기주쿠 대학 의학부 정신·신경과학 교실이 참여한 국가 프로젝트 '혁신 창출 프로그램(COI STREAM)'에서 현재 활발하게 연구하고 있는 과제이다.

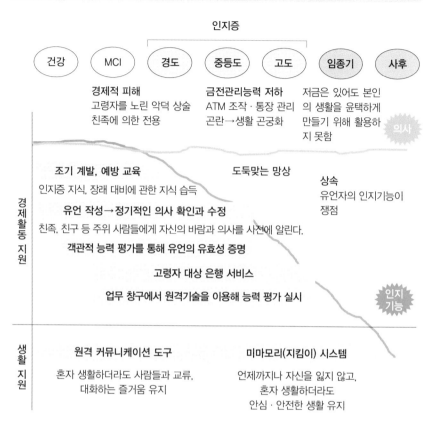

(출처) 가토 유카(교토 후리츠 의과대학) 제공.

5 │ 현장 평가와 제안, 향후 과제

　증권거래소와 은행, 우체국 등 창구 현장에는 지금까지 이야기한 인지기능이 저하된 고령 고객이 다수 방문할 것이다. 고령 고객을 대할 때 인지기능 저하 수준과 의사결정능력·자산관리능력 수준을 추측하는 노하우가 필요하다.

금융기관 직원이 고령자의 의사능력을 판단할 때 조금이라도 문제가 느껴진다면 금융상품 거래에서 당일 계약을 보류하고 시간을 둔다(고려할 시간을 준다.). 책임자가 따로 연락을 취해 거래 의사를 확인하고 계약능력을 판단한다(복수의 사람이 고령자의 인지기능을 판단한다.). 또는 가족이 동석해 본인의 의사를 확인한다(제삼자 입회하에 본인의 의사를 확인한다.). 이는 지금까지도 시행되어 온 방법이다.

앞으로는 더욱 금융상품의 복잡성과 금융 리터러시에 초점을 맞춘 금융기관 직원 대상의 의사능력 판단 및 기록 매뉴얼을 정비해두는 것이 바람직하다. 더불어 업무 창구의 현장 대처는 영상 기록으로 남겨두고 후일 의사능력에 문제가 생겼을 때 증명할 수 있는 질문을 넣어두거나 전문가의 평가를 받을 수 있는 체제를 만드는 등의 대응도 유용하다.

노화가 고령자의 인지기능에 미치는 영향은 모든 사람에게 동일하게 나타나지 않는다. 그리고 의사결정능력·자산관리능력 수준 역시 모든 사람이 동일하지 않다. 높은 능력을 유지하고 있음을 증명할 수 있다면 고령이 되어도 예전과 마찬가지로 금융상품의 계약을 순조롭게 진행하도록 편의를 도모할 수 있다.

이번 장에서는 고령자의 의사결정과 자산관리능력을 의학적 관점, 특히 인지기능 저하와 관련해 간략하게 설명했다. MCI에서 인지증의 단계가 상승하면 의사결정과 자산관리능력의 저하가 표면으로 드러난다. 최근에는 인생 후반기에 다양한 생활 지원이 제도적으로 중요하다는 점을 지적하고 있지만 경제 활동 지원도 매우 중요하다(도표 2-10). 앞으로는 경제 활동 지원에도 더욱 관심을 기울여야 한다.

(미무라 마사루)

제3장

사회 시스템 변혁으로
인구 감소 시대에 도전한다

— 웰빙 플랫폼 구축

사회 시스템 변혁의 요구

1 저출산 · 고령화, 경제성장 둔화, 인구 감소라는 역경

일본은 의료 · 복지를 비롯한 사회 시스템에서 큰 전환점을 맞이하고 있다. 일본의 고도 경제성장을 견인한 '다수의 노동인구로 소수의 고령층을 지탱하는' 인구 피라미드를 전제하는 사회보장제도를 토대로 일본은 세계 최고의 장수국이 되었다(도표3-1). 그러나 앞으로 세계에서 유례가 없는 속도로 고령화가 진행되고 인구 감소와 경제성장 둔화까지 겹쳐, 이전 시스템의 연장선상에서 일부를 바꾸는 마이너 체인지(Minor Change)만으로는 사회 시스템 자체가 성립할 수 없게 되었다.

이러한 과제에 대한 도전이 부정적인 측면만 있는 것은 아니다. 예컨대 '단카이 세대'가 의료 · 복지 서비스를 필요로 하는 초고령사회 초기 단계에는 공 · 사를 떠나 많은 자금이 의료 · 복지 분야에 투입되기 때문에 고용의 창출, 사람들의 생활을 지원하는 기술과 시스템의 혁신 등, 차세대 일본을 지탱할 새로운 활력이 생겨날 가능성이 있다.

2 '보건의료 2035'라는 개혁 시점

의료 · 복지 수요가 급격하게 증가한 현시점에서 무계획하게 자원을 낭비한다면 앞으로의 전망은 어두울 것이다. 10년 후에 의료 · 복지 수요가 증대될 것만을 상정한 제도 설계로는 그 후 이어지는 10년 동안 장래 세대가 고령층의 사회보장 부담을 짊어지게 될 가능성이 있다.

단순히 몇 년을 앞서 나간 개혁이 아니라 20년 뒤, 30년 뒤의 상황을 극복할 수 있는 정책을 찾아내야 한다. 일본의 의료와 사회보장제도의 장점은 계승하되 계속해서 변화하는 인구 구조 속에서 '얼마나 새로운 사회 시스템을 만들어낼 것인가?'가 관건이며, 지금 말 그대로 각오를 다진 개혁이 필요한 시점

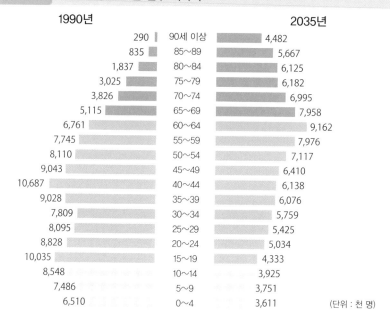

1990년		2035년
290	90세 이상	4,482
835	85~89	5,667
1,837	80~84	6,125
3,025	75~79	6,182
3,826	70~74	6,995
5,115	65~69	7,958
6,761	60~64	9,162
7,745	55~59	7,976
8,110	50~54	7,117
9,043	45~49	6,410
10,687	40~44	6,138
9,028	35~39	6,076
7,809	30~34	5,759
8,095	25~29	5,425
8,828	20~24	5,034
10,035	15~19	4,333
8,548	10~14	3,925
7,486	5~9	3,751
6,510	0~4	3,611

(단위 : 천 명)

(출처) 1990년은 총무성 「국세(國勢) 조사」 및 「인구 추계」, 2035년은 국립사회보장·인구문제연구소 「일본의
장래 추계 인구(2013년 1월 추계) : 출생 중위·사망 중위 추계」

이다.

이러한 배경 속에서 2015년 6월, 시오자키 야스히사 후생노동상의 사적
자문기관 '보건의료 2035' 책정 간담회(좌장=도쿄대·시부야 겐지)에서 제안한
것이, 현안 과제 해결책과 '2035년'으로 상정하는 장기적인 비전의 '보건의료
2035 제언서'이다(도표3-2).

이 제언서는 웹 사이트에 일반 공개되었으며,[1] 개요는 세계적인 의학 학술지

• • •

1 후생노동성 「보건의료 2035」 (http://www.mhlw.go.jp/seisakunitsuite/bunya/hokabunya/
shakaihoshou/hokeniryou2035).

20년 후 보건의료 시스템을 구축하는 세 가지 비전과 액션

목표	사람들이 세계 최고 수준의 건강 · 의료를 누릴 수 있으며 안심 · 만족 · 납득할 수 있는 지속가능한 보건의료 시스템을 구축하고 일본 및 세계 번영에 공헌한다.
기본 이념	공평 · 공정 자율에 기초한 연대 일본과 세계의 번영과 공생

2035년까지 달성할 세 가지 비전과 액션		
린 헬스케어 (Lean Health Care)	라이프 디자인 (Life Design)	글로벌 헬스 리더 (Global Health Leader)
1 보건의료의 가치를 높인다	2 사회가 주체적 선택을 지원한다.	3 일본이 세계 보건의료를 견인한다.
• 환자 우선의 가치를 고려한 새로운 보수(報酬) 체계 • 현장 주도를 통한 의료의 질 향상 지원(과잉 의료와 의료사고 방지 등) • '가교' 역할의 주치의 육성 · 전 지역에 배치	• 'Tabaco Free' Summit 개최 • 효과가 실증된 예방(금연, 백신 등)의 적극적 추진, 특히 중병을 철저히 예방해서 의료비를 삭감 • 건강의 사회적 결정 요인을 고려한 공동체와 마을 형성	• 건강위기관리 체제를 확립(건강위기관리 · 질병대책 센터의 창설) • 보편적 건강 보장(Universal Health Coverage)과 의약품 승인 등의 시스템 구축을 지원 • 글로벌 헬스를 담당하는 인재 육성 체제를 정비

(출처) 후생노동성 「보건의료 2035 제언서」 2015년(참고자료)에 기초해 필자 작성.

에 게재되었다.[2] 같은 해 8월에는 후생노동성이 주도해 추진 본부를 설치했으며 2016년도에도 제언 내용을 실현하기 위한 다양한 간담회를 열고 개혁을 추진했다.

3 ICT를 활용한 사회 시스템 변혁으로 세계를 선도한다

이번 장에서 다루는 또 하나의 중심 내용은 정보통신기술(ICT)이다. ICT 분야에서는 2016년에 IoT(사물인터넷, Internet of Things)와 AI(인공지능, Ar-

• • •

2 Miyata, H. et al., "Japan's Vision for Health Care in 2035," *Lancet*, 385(9987): 2549–50, 2015.

tificial Intelligence) 등 유행하는 개념이 등장했지만, ICT가 주목을 받기 시작한 것은 최근의 일은 아니다. ICT는 수십 년 전부터 인터넷, 정보혁명, 정보 폭발, 빅데이터 등으로 용어를 바꿔가며 사회적으로 큰 파장을 일으켜 온 분야이다. ICT에 대해 '농업혁명과 산업혁명 뒤에 찾아온 인류사상 제3의 혁명'이라는 수식어가 오랫동안 붙어 있었다.

아마도 자동 번역 기능의 본격적인 실용화가 민주주의와 문화를 크게 변화시킬 커뮤니케이션 혁명의 최종 국면이 될 테지만, 의료복지 분야에서는 2017년 현재 이미 큰 변혁이 시작되었다. 당연히 일본도 인구 감소 사회에 대처하기 위한 새로운 사회 시스템을 설계하기 위해서 ICT의 활용이 필수적이다.

의료 분야의 ICT 활용은 규격 통일이나 정보의 통합 관리 등을 북유럽 중심으로 작은 국가들이 선행하고 있으며 일본은 뒤처져 있다는 점을 인정하지 않을 수 없다. 그럼에도 불구하고 일본은 건강 장수 실현과 인프라 정비 등, 공공 가치를 필요로 하는 많은 영역에서 이미 세계 최고 수준이며, 이를 더욱 향상시킬 수 있다면 세계적으로도 큰 가치가 있다.

앞으로 선진국과 아시아 국가들도 일본과 마찬가지로 인구 감소, 저출산·고령화, 경제성장 둔화와 같은 문제에 직면하게 될 것으로 예상된다. 세계 많은 나라들이 일본의 동향에 큰 관심을 가지고 있다. ICT를 활용한 새로운 사회 시스템을 통해 일본이 선구적인 해결책을 제시하고 세계를 선도하는 역할을 할 수 있기를 기대한다.

2 | 인간 중심의 열린 ICT 기반 구축

▮1 기업과 기관의 정보 독점이 아닌 개인 주도의 정보 활용

환자·국민의 보건의료 데이터는 의료기관(진료 기록 카드 등), 약국(조제록), 지자체(예방 접종 기록·건강 진단 등)와 의료보험자(의료명세서·특정 검진 등)가 각

각 보유한다. 환자·국민에게 최적의 보건의료 서비스를 제공하고 환자·국민도 주체적으로 건강을 지키기 위해서는 보건의료 전문가가 환자·국민의 기왕력(旣往歷)[3], 복약력, 검진 결과, 라이프로그(lifelog)[4] 등 보건의료 서비스를 시행하기 위한 정보를 알아야 한다. 그러나 현재 분산되어 있는 보건의료 정보를 계속해서 각 기관의 관리·공유나, 환자·국민의 자주적인 관리에 맡기면서, 개개인의 평생에 걸친 보건의료 정보를 파악하는 데는 한계가 있다.

환자·국민의 보건의료 데이터의 보관도 환자·국민을 중심으로 둘 필요가 있다. 사람들의 평생에 걸친 보건의료 데이터를 정리·통합해 보건의료 전문가와 행정·의료보험자(정부)가 이를 공유하고 개인도 이를 참고해 자신의 건강관리에 활용할 것이다. 지금까지 개별 기관이 독점했던 보건의료 데이터에서 환자·국민을 중심으로 보건의료 전문가와 행정·의료보험자에게도 공유되는 보건의료 데이터로의 전환을 시도하고 있다.

구체적으로 환자·국민의 기본 정보(성별·연령 등) 이외 질병 이력과 처치·검사·처방 정보, 알레르기 정보, 검진 정보 등 보건의료에 관한 기본 정보가 개인의 나이처럼 시간대에 따라 기록된다면 보건의료 전문가가 이를 개인의 진단과 치료에 참고하여 진단이나 치료에 활용할 수 있다. 보건의료는 일상생활과 생활습관의 반영이며 환자·국민의 생활에 밀착해 있다. 웨어러블 단말과 IoT를 활용해 측정하는 라이프로그 정보 등도 반영한다면 더욱 유용성이 높아질 것이다.

❷ 개인 중심의 열린 정보 기반 '피플(PeOPLe)'

이러한 배경을 바탕으로 후생노동성에 설치된 '보건의료 분야의 ICT 활용

---

* * *

3 과거에 앓았던 질병이나 상해의 종류 또는 경중(輕重)과 유전, 선천병의 유무 등에 관한 정보. (옮긴이)

4 개인의 생활이나 일상을 디지털 공간에 저장하는 일. (옮긴이)

건강 지원

환자 · 국민의 기본적인
보건의료 데이터 통합

급성기 의료

최상의 환경에서 수술을
받은 후에 수술 정보를
공유해서 최적의 재활을
자택 인근에서 받을 수
있다.

주치의

주치의의 지원을 받으면
서 건강 관리와 주체적인
서비스 선택을 할 수 있다.

A씨
· 기본 정보(성별 · 연령 등)
· 기왕증 · 복약력
· 처방 · 검사 정보
· 알레르기 · 부작용
· 검진 정보
· 개호 정보 등

재활

구급 · 재해 대응

국가가 주도해 환자의 데이터 종류와 규격을 통일

개인의 질병 · 건강 상황에 맞춘 최적의 보건의료를 받을 수 있다.
AI 등 기술을 활용한 알고리즘으로 의료의 질 향상과 효율화를 노린다.

(출처) 후생노동성 「ICT를 활용한 '차세대 보험의료 시스템' 구축을 대비해」 (보건의료 분야의 ICT 활용 추진
간담회 제언), 2016년을 토대로 필자 작성.

추진 간담회'에서는 개인의 보건의료 데이터를 보건의료 전문가와 공유하고 개
인이 주체적으로 건강 관리를 할 수 있도록, 모든 환자 · 국민이 참가할 수 있
는 인프라 정비를 제언했다.[5] 바로 환자 · 국민의 보건의료 정보를 어디서든 이
용할 수 있는 열린 정보기반(Person-centered Open PLatform for wellbe-
ing), 통칭 피플(PeOPLe)이다(도표3-3).

　이러한 시스템은 평소 생활하면서 지역 의료 · 개호와의 정보 연계는 물론,
구급호송이나 재해 시에 평소와 다른 의료기관에서 주치의가 아닌 의사에게

●●●

5 후생노동성 「보건의료 분야의 ICT 활용 추진 간담회 제언서」 2016년 (http://www.mhlw.go.jp/stf/
shingi2/0000140201.html).

진찰을 받게 되는 경우나 의식을 잃은 상태일 때, 보건의료 데이터 공유는 역량을 발휘한다. 일본은 앞으로도 고령자가 가파르게 증가하고 스스로 보건의료 정보를 관리하는 데 어려움을 느끼는 사람이 늘어나게 될 가능성이 커서, 보건의료 정보를 공유하는 인프라의 필요성이 강해지고 있다. 이어지는 내용에서는 ICT 활용 추진 간담회 보고서 내용을 중심으로 시스템 도입 상황을 소개한다.

사람이 건강한 생활을 하고 병에서 회복되고 일상생활로 복귀하기 위해서는 보건의료 전문가의 지원을 비롯한 다양한 지원이 필요하다. 누구나 노화로 인해 심신기능이 저하되고 예기치 못하게 재난을 당하거나 구급의료를 받을 수 있다는 점을 상기한다면, 모든 사람이 동등하게 최상의 보건의료 서비스와 필요한 지원을 받기 위해서 개인의 생애 단계별 보건의료 데이터가 정리된 정보 기반이 필요하다.

그리고 정보기반을 정비할 때는, 필요에 따라 네트워크를 통해 보건의료 전문가가 공유할 수 있도록 환자·국민을 중심으로 정보를 어디서든 활용할 수 있는 열린 정보를 지향해나가야 한다. 또한 보건의료 데이터의 축적과 이·활용에서 환자·국민의 데이터가 담보로 잡혀 있는 상황은 피할 수 없다. 환자·국민과 참고하는 보건의료 전문가의 인증을 적절히 받으면서, 의료 ID 등으로 개개인의 보건의료 데이터를 안전하고 좀 더 정확하게 연결하는 시스템을 구축해야 한다.

❸ 정보를 연결해서 '열다'

PeOPLe이라는 인프라 정비를 통해 개인의 보건의료 데이터가 평생에 걸쳐 '종적'으로 기록되어 질병에 걸리기 전 건강한 상태부터 질병에 걸리기까지의 상태를 추적할 수 있다. 또한 PeOPLe이 다수의 환자·국민에게 '횡적으로 전개'되어 방대한 보건의료 데이터를 파악·분석할 수 있게 되면 질병과 부작용의 발생 메커니즘, 질병과 개호 상태의 연관 메커니즘 등 다양한 분석·연구로 연결해나갈 수 있을 것이다.

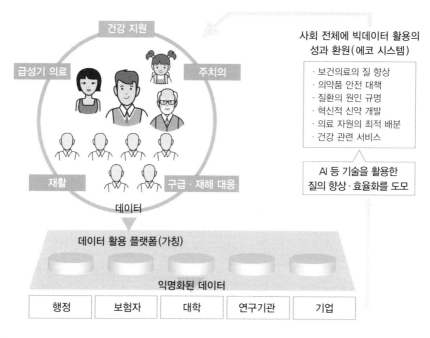

건강 지원

급성기 의료

주치의

재활

구급 · 재해 대응

데이터

데이터 활용 플랫폼(가칭)

익명화된 데이터

| 행정 | 보험자 | 대학 | 연구기관 | 기업 |

사회 전체에 빅데이터 활용의
성과 환원(에코 시스템)

· 보건의료의 질 향상
· 의약품 안전 대책
· 질환의 원인 규명
· 혁신적 신약 개발
· 의료 자원의 최적 배분
· 건강 관련 서비스

AI 등 기술을 활용한
질의 향상 · 효율화를 도모

(출처) 후생노동성 「ICT를 활용한 『차세대 보험의료 시스템』 구축을 대비해」(보건의료 분야의 ICT 활용 추진 간담회 제언), 2016년을 토대로 필자 작성.

　현재 목적별로 개별 데이터베이스가 구축되고 개개인의 데이터가 각각 보관되어 있지만, 장래에는 PeOPLe이라는 정보 기반에서 '어느 데이터베이스에 누구의 데이터가 있는지'가 정리되면, 각 데이터베이스에 담겨 있는 개인의 데이터에 접속해 정보를 수집하는 시스템을 구축할 수 있다.

　이에 따라 연구기관, 행정 · 의료보험자, 민간기업은 정보 유출이 일어나지 않도록 관리하는 안전한 환경에서 연령별 · 지역별 · 질환별 등 다양한 방법을 통해, 그때의 목적별로 익명화된 분석기반에 접속할 수 있을 것이다(도표3-4).

　예컨대 치료 경과를 파악 · 분석하기 위해서 개개인의 사망 정보나 보건의료 데이터뿐만 아니라 지리 공간 정보와 기후 데이터와 같은 대규모 데이터도

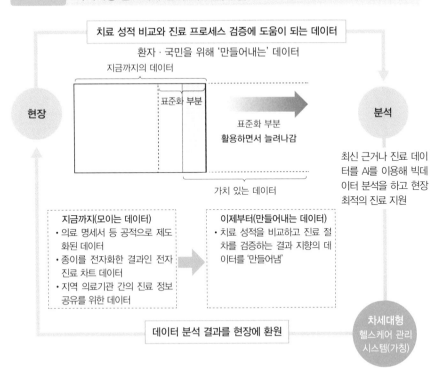

치료 성적 비교와 진료 프로세스 검증에 도움이 되는 데이터

환자 · 국민을 위해 '만들어내는' 데이터

지금까지의 데이터

표준화 부분

현장

표준화 부분
활용하면서 늘려나감

분석

최신 근거나 진료 데이터를 AI를 이용해 빅데이터 분석을 하고 현장 최적의 진료 지원

가치 있는 데이터

지금까지(모이는 데이터)
• 의료 명세서 등 공적으로 제도화된 데이터
• 종이를 전자화한 결과인 전자진료 차트 데이터
• 지역 의료기관 간의 진료 정보 공유를 위한 데이터

이제부터(만들어내는 데이터)
• 치료 성적을 비교하고 진료 절차를 검증하는 결과 지향의 데이터를 '만들어냄'

데이터 분석 결과를 현장에 환원

차세대형 헬스케어 관리 시스템(가칭)

(출처) 후생노동성 「ICT를 활용한 『차세대 보험의료 시스템』 구축을 대비해」 (보건의료 분야의 ICT 활용 추진 간담회 제언), 2016년에 기초해 필자 작성.

접속할 수 있게 된다면, 질병의 인과 관계 규명과 사회 자원의 적정한 배분 검토에 더 다양한 각도의 분석이 나오게 될 것이다. 연구기관, 행정 · 의료보험자, 민간기업은 PeOPLe을 기반으로 구축한 데이터 세트를 바탕으로 보건의료의 질 향상, 의료 자원의 최적 배분, 의약품 안전 대책, 질환의 원인 규명, 혁신적 신약 개발을 위한 해결책을 모색할 수 있다. 또한 다양한 건강 관련 서비스의 창출도 기대할 수 있다. 관계자의 데이터 활용에는 최신 AI 기술을 적극적으로 도입해, 좀 더 고도의 데이터를 활용할 수 있게 되기를 기대한다.

4 전문성을 지닌 새로운 시대

보건의료 현장은 정기적으로 갱신되는 다양한 진료 분야 가이드라인이나 매일 갱신되는 임상 연구 결과 등을 지속적으로 파악해 최선의 진단·치료·서비스를 제공하고자 했다. 그러나 여러 분야에 흩어져 있는 보건의료 전문가가 최신 첨단지식을 끊임없이 받아들이기란 쉽지 않다.

따라서 도표 3-5와 같은 가이드라인과 임상 연구 결과 등에 기초한 치료 알고리즘(방법·절차)을 진료 지원 시스템으로 현장에서 사용할 수 있다면, 현장의 보건의료 전문가는 최신 정보 갱신은 진료 지원 시스템 및 클라우드 환경에 맡기고, 자신은 좀 더 정교하게 환자·국민을 지원하고 자발적으로 의료 서비스 질 향상이라는 과제를 파악·개선하는 데 집중할 수 있을 것이다.[6]

현시점에서 이러한 치료 알고리즘은 기계적으로 얻어지지 않으며, 보건의료 전문가들이 연계해 진료과 전문 분야별로 확립할 필요가 있다. 수고로운 작업을 거쳐야 하지만, 한번 시스템으로 자리 잡으면 그 장점을 여러 보건의료 현장에서 공유할 수 있다. 앞으로 크게 증가할 보건의료 서비스 수요를 보건의료 현장에서 보완해나갈 필요가 있다.

이때 현장에서 이루어지는 보건의료 전문가의 판단을 전문가들이 연계한 '올 재팬 체제'를 통해 지원할 수 있다면 현장의 효율성을 비약적으로 높일 수 있다. 이러한 진료 지원 시스템의 구축을 통해 보건의료 서비스를 지원하면서, 데이터를 보건의료의 수준 향상으로 이어지는 체계적인 빅데이터로 수집할 수 있다. 따라서 빅데이터를 분석해 일반적인 치료 지침이 담긴 알고리즘을 개인의 심신 상태에 맞는 최적의 치료 지침으로 활용할 수 있다.

• • •

6 Rumsfeld, J. S. et al., "Big Data Analytics to Improve Cardiovascular Care: Promise and Challenges," *Nature Reviews Cardiology*, 13(6): 350-9, 2016.

이 제언으로 실현할 환자 · 국민을 위한 가치

빅데이터 활용과 AI 분석

현재 진단과 치료가 어려운 질환이라도 개인의 질병과 체질에 맞는 신속 · 정확한 검사 · 진단, 치료를 받을 수 있다.

ICT를 활용한 원격진료와 지킴이 서비스

전문의가 없는 지역의 환자나 고립된 생활을 하는 고령자라도 전문 의료나 생활 지원을 받을 수 있다.

지방과 전국의
건강 · 의료 · 개호 정보 네트워크

어디서나 누구든지, 자신의 건강 · 의료 · 개호 정보가 의사 등에게 안전하게 공유되고 주치의와 연계하면서 빈틈없는 진료와 케어를 받을 수 있다. 질병 검사와 복약의 중복을 피할 수 있어 환자 측의 부담도 줄어든다.

빅데이터를 활용한 기술혁신

질환으로 괴로워하는 환자들에게 최적의 진료와 신약을 제공한다. 매력적인 건강 증진 서비스가 생겨나고, 개인 맞춤 지원도 받을 수 있다.

(출처) 후생노동성 「ICT를 활용한 『차세대 보험의료 시스템』 구축을 대비해」 (보건의료 분야의 ICT 활용 추진 간담회 제언), 2016년에 기초해 필자 작성.

3 │ 웰빙 플랫폼으로 실현되는 미래상

1 세계에 자랑하는 전문성의 가치를 더욱 향상시킨다

향후 AI의 활용으로 환자의 연령과 병의 상태(진행암인가 아닌가, 당뇨병 합병증은 없는가) 등을 참고해 해당 시설에 적합한 최선의 판단을 제공할 수 있다. 또한, 임상 현장과 연계한 빅데이터 분석과 최신 AI 기술을 융합하면 한층 성능 향상을 기대할 수 있다.

이러한 시스템이 모바일 단말 · 웨어러블 단말의 센서기술과 연동하면 사람들이 일상생활을 하는 동안 심신 상태 부조화의 징후를 감지하면 바로 증상에 대한 보건의료 서비스상의 일련의 과정을 체계적인 데이터로 파악하고 그 내용을 검증할 수 있다. 이렇듯 병의 징후를 미리 감지할 수 있기 때문에 진료 이후에도 필요한 환자의 통증 완화와 적절한 복약 상태 관리, 생활 돌봄과 지원 등, 보건의료 관련 직종의 서비스에도 응용할 수 있다.

또한 빅데이터 분석을 AI와 융합해 현장 보건의료에서 개개인의 상황에 맞는 보건의료 서비스의 최적 의사결정을 지원하는 '헬스케어 관리 시스템'을 구축할 수 있다면, 사람과 친밀한 일본형 '개인 맞춤형 의료'를 실현할 핵심기반이 될 것이다(도표 3-6).

단, 보건의료는 항상 크고 작은 불확실성을 동반하며, 개인의 삶과 죽음에 관계된 중대한 판단을 내려야만 한다. 따라서 기반이 정비되는 동안에도 보건의료 전문가는 '전문가'의 역할을 계속해야 한다. 빅데이터 분석을 바탕으로 AI의 판단을 조율하고 AI를 활용하는 환경을 만드는 일, 특히 AI는 흉내 낼 수 없는 사람의 인간성과 불가분의 가치 판단은 보건의료에 꼭 필요한 부분이다.

'헬스케어 관리 시스템'에서는 보건의료 전문가와 AI의 연계가 환자·국민의 윤택한 삶을 지원하는 기반이 되기를 기대한다.

근미래 칼럼 ┃ >>> 20XX년, 젊은 의사의 이야기

아직 경험이 부족한 의사이지만 어느 마을의 의료를 담당하게 되었습니다. 도시가 아니어서 진료소를 중심으로 의료가 이루어지고 대형 병원이 없습니다. 전문의도 없는 상황이라 매일 진료를 볼 때마다 복잡하고 다양한 지식이 필요합니다. 저도 전문 분야마다 가이드라인을 공부하고는 있지만, 매일 진료에 쫓기는 동안에 가이드라인은 계속 갱신됩니다. 영어 논문과 해외 학회 보고 등을 따라가기도 벅찬 것이 현실입니다.

이 지역은 고령화로 여러 질병을 동시에 앓는 고령자가 늘어나고 있습니다. 특정 전문 분야뿐만 아니라 개인의 심신 상태를 종합적으로 진찰하는 '전인'적 관점의 의료가 필요합니다. 합병증으로 신체가 점점 쇠약해지는 고령자나 복합

적인 요인을 가진 환자의 경우에는 진료 분야 가이드라인을 찾아봐도 최선의 해결책을 찾을 수가 없습니다. 이런 때에는 실제로 환자를 진료해본 의사의 경험, 이른바 '경험 지식'에 의지하는 것이 최선이지만 주위에 의지할 수 있는 의사가 없습니다.

그런데 이 진료소에도 드디어 '헬스케어 관리 시스템'이 도입되었습니다. 이 시스템에는 최근 해외 의료 분야의 과학적 근거와 '어떤 질병의 환자에게 무슨 처방을 했는가'라는 의사의 판단이 축적된 '경험지식'이 빅데이터로 담겨 있습니다.

환자의 심신 상태를 데이터로 입력하면 시스템에서 같은 경향의 환자의 처방, 검토해야 할 지원 등의 정보를 제공합니다. 빅데이터를 최신 AI 기술로 분석하면 이러한 일들을 할 수 있습니다.

이 시스템은 차의 내비게이션과 유사합니다. 내비게이션은 목적지로 가는 길과 주의 사항을 안내하지만, 본인이 내비게이션보다 쾌적한 '지름길'이나 한적하고 편안한 '우회로'를 알고 있다면 다른 길을 선택해서 가는 방법도 있습니다. 헬스케어 관리 시스템을 이용해서 의사로서의 지식과 경험을 살릴 수 있는 부분과 환자의 의향을 조율하고, 때로는 '지름길'이나 '우회로'를 선택하면서 환자 개인에 맞춘 최선의 진료를 제공할 수 있을 것입니다.

한 명의 의사가 모든 부담을 떠안는 구조가 아니라, 전문의와 풍부한 경험을 가진 의료진으로 구성된 '올 재팬' 팀이 지원하는 시스템이라 마음이 든든합니다. 각 나라마다 의료제도는 다르겠지만 사람을 진료한다는 의미는 같을 테지요. 헬스케어 관리 시스템을 해외에 보급한다면 국제적으로 크게 공헌하는 일이 될 것입니다.

2 매력적인 삶의 방식을 추구하는 가운데 자연스럽게 건강해진다

보건의료는 국민이 안심하고 건강하게 생활하기 위해 사회에 필수적인 서비

건강한 생활   예방   진단   치료   재택 의료·케어

매일의 생활 충실	지역생활 지원	고도의 의료·케어 제공
매력적인 삶의 방식을 추구하는 동안 자연스레 건강해진다. 소득 등 격차나 질병이 있어도, 이를 인생의 장애로 인식하지 않는다.	주변 환경에서 과학적 근거를 통해 적절한 지원을 받을 수 있다. 지원 판단이 어려운 경우, 혹은 고도의 대응이 필요한 경우에는 조속히, 최선의 조직과 연계한다.	조직 간 연계를 통해 세계 최고의 진단·치료·개호를 제공한다. 국제적인 근거와 지역의 실제 데이터를 비교해, 환자에게 최적의 치료와 개호를 제공한다.

(출처) 필자 작성.

스이며 기술이 고도화되고 사람들의 가치관이 변화하는 시대에도 보건의료의 맡은 바 역할과 기본 이념은 변하지 않는다. "환자의 질병 상태, 체질이나 기왕력 등의 심신 상태, 그리고 생활과 가치관을 비롯한 개인에 맞춘 최선의 보건의료 서비스를 받을 수 있다.", "보건의료 전문가는 충분한 최신 정보를 제공받고 전문성을 발휘하고 협동하며, 환자는 필요한 순간에 최적의 의료와 케어를 제공받는다."라는 보건의료의 가치는 앞으로도 훼손되지 않을 것이다.

한편 앞으로는 '국민이 주변 환경에서 심신 상태나 생활 습관 등에 따라 보건의료 전문가에게 다양하고 적절한 지원을 받을 수' 있으며 '국민이 병에 걸리기 전에 건강 지키기에 주체적으로 참여하고, 매력적인 삶의 방식을 추구하면서 평생 건강하게 생활'하는 일이 중요해질 것이다.

의료에서는 의사결정 지원을 통해서 환자의 치료 선택지에 대한 이해를 도울 수 있기 때문에, 부족한 정보와 불분명한 의사 전달로 일어나는 갈등이 줄어든다. 동시에 의사결정 지원은 환자가 치료를 결정하는 데에도 적극적인 역

할을 하며, 리스크를 적절하게 인식하는 데에도 효과가 있다.[7] 아직 실증 연구는 적지만 ICT를 활용한 정보 공유는 환자의 의사결정 지원에도 효과적일 가능성이 높다.[8]

이 시스템이 실현된다면 의료 종사자뿐만 아니라 환자·국민도 주체적으로 참여하여 양질의 의료를 함께 실현할 수 있을 것이다. 지금까지의 의료에서는 '질병을 고친다'와 '병에 걸리지 않는다'에 대부분 관심이 모아졌지만, 앞으로는 좀 더 나은 삶을 살기 위한 '웰빙(Wellbeing)'을 비롯해 좀 더 광범위한 가치를 대상으로 서비스를 제공하는 일이 중요하다.

보건의료는 국민의 다양한 삶의 방식을 지원하며, 국민이 다치거나 질병에 걸렸을 때에는 최적의 치료를 받아 계속해서 건강하게 생활하고 사회에서 활약할 수 있는 웰빙 사회를 만드는 것이며, ICT의 활용도 보건의료의 가치 실현에 이바지하기 위해서라는 것을 우선으로 생각해야 한다. ICT를 활용해서 웰빙이라는 가치를 실현하는 것이, 이번 장에서 제시하는 웰빙 플랫폼(Wellbeing Platform)이다(도표 3-7).

● ●

근미래 칼럼 2 >>> 20XX년, 당뇨병 환자의 이야기

저는 당뇨병이 발병해서 보건소 선생님과 주치의 선생님에게 신세를 지고 있습니다. 제 보건의료 데이터는 PeOPLe 시스템에 등록되어 있으며 보건소 선생님과 주치의 선생님이 식사 요법과 인슐린 주사, 투석과 같은 방법을 원격지에 있는 전문의 선생님과 연계해서 정해주었습니다. 보건의료 데이터를 공유

● ● ●

---

7 Stacey, D. et al., "Decision Aids for People Facing Health Treatment or Screening Decisions," *Cochrane Database Systematic Reviws*, 2014.

8 Walsh, S. et al., "Systematic Review of Patients' Participation in and Experiences of Technology-Based Monitoring of Mental Health Symptoms in the Community," *BMJ Open*, 6(6), 2016.

한 약사도 적절한 복약 지도를 해주었습니다.

도움을 주는 분들은 지자체, 진료소, 약국처럼 모두 소속이 다르지만, 저에게 꼭 필요한 도움을 주었습니다. 주치의 선생님은 전문의와 항시 연계해서 저의 몸 상태를 체크하면서 치료가 필요한 시기를 판단하기 위해 상담하는 듯했습니다.

한편 저도 건강을 개선하기 위해 움직여야 했습니다. PeOPLe의 정보 일부를 민간 서비스 회사에 제공하는 데 동의하고 제 스마트폰에 해당 회사의 앱을 다운로드하면 건강 개선에 도움이 되는 프로그램을 제안해주도록 되어 있습니다.

예를 들어 제가 바쁜 시간대와 한가한 시간대에 맞추어 식사요법과 운동 등에 대한 최적의 플랜을 제안해줍니다. 일률적인 기준의 제안이 아니라 저의 생활방식이나 그날그날의 컨디션에 맞춘 행동 플랜을 제시해주기 때문에 실천이 어렵지 않아, 이 프로그램이라면 저도 즐겁게 건강 개선에 참여할 수 있을 것 같습니다.

근미래 칼럼 **3** >>> 20XX년, 헬스케어 관련 기업 담당자의 이야기

당뇨병 증상이 악화된 분을 찾아가서 더 이상 병이 악화되지 않도록 지자체 담당자가 보건 지도를 하는 제도는 이전에도 있었습니다. 하지만 정말 어려운 일은 건강한 사람이 '당뇨병에 걸리지 않도록' 예방 교육을 하는 것입니다.

건강을 관리하는 사람이 늘어났다고는 해도 '개인별' 대응은 행정적으로 매우 어렵습니다. 사람들의 라이프 스타일은 실로 다양해서, 일률적이거나 자신의 라이프 스타일과 맞지 않는 지도로는 관리를 계속하기 힘들기 때문입니다.

"운동은 하고 싶지 않다. 식사 개선에 노력하겠다."라고 말하는 사람이 있습니다. 어떤 사람은 식사와 운동을 적당히 나누어 하는 게 좋다고 하거나 "이번 달은 일이 바쁘기 때문에 다음 달에 집중해서 하겠다."라며 시간 분배를 적절

히 조율하는 사람도 있습니다.

되도록 사람들이 즐길 수 있는 관리 메뉴를 제안하려고 주의하고 있습니다. 개인 수요에 착안한 라이프 스타일의 지원에서 저희 민간기업의 참여는 큰 의미가 있다고 생각합니다.

'병에 걸리지 않는다'는 가치관은 물론 중요합니다. 하지만 '매력적인 삶의 방식을 추구하면서 자연스럽게 건강을 유지'하는 방식이 많은 사람들의 지지를 받게 되지 않을까요?

● ●

❸ 현재 가치를 최대화하는 동시에 장래 세대를 내다보는 지속가능한 사회

지금까지는 환자·국민에게 현재 가치의 최대화라는 관점에서 의료 서비스가 부각되어왔다. 그러나 모든 사람이 가까운 곳에서 최고 수준의 의료를 적은 비용 부담으로 제공받을 수는 없는 것이 현실이다. 가령 의료 현장이 현상 유지가 되고 있다고 해도, 대부분은 현장의 과중한 노동 부담과 국채라는 장래 세대의 부담으로 유지가 되고 있는 실정이다.

많은 고난도 수술에서 안정된 치료 성적을 거두려면 일정 이상의 경험이 필요하다는 사실은 국내외에 널리 알려져 있다〔연간 증례(症例) 수가 많을수록 치료 성적이 좋다는 보증은 아니라는 점을 주의할 필요가 있다.〕.[9] 이때 '가까운 곳에 선진 의료시설이 있으면 안심'이 된다는 주민의 요구에 따라 수요가 있을 것 같

● ● ●

9 ibid.; Wouters, M. W. et al., "The Volume-Outcome Relation in the Surgical Treatment of Esophageal Cancer: A Systematic Review and Meta-Analysis," *Cancer*, 118(7): 1754–63, 2012; Zevin, B. et al., "volume-Outcome Association in Bariatric Surgery: A Systematic Review," *Ann Surg*, 256(1): 60–71, 2012; Hata, T. et al., "Effect of Hospital Volume on Surgical Outcomes After Pancreaticoduodenectomy: A Systematic Review and Meta-Analysis," *Ann Surg*, 263(4): 664–72, 2016.

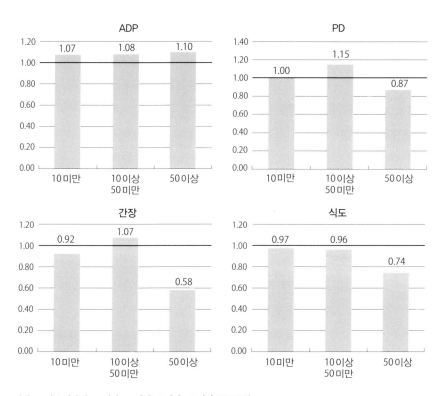

(주) 1. 과소화율을 10미만, 10이상 50미만, 50이상으로 구분.
　　2. ADP: 급성 범발성 복막염 수술, PD: 췌두십이지장 절제술, 간장: 외측 구역을 제외한 구역 이상 간
　　　 절제술, 식도: 식도 절제·재건술
　　3. 과소화율 구분은 값이 클수록 과소화가 심화된 상태이다.
　　4. OE비는 수술 후 실제 사망률을 예측 사망률 평균에서 제한 값.
(출처) NCD (National Clinical Database).

지 않은 지역에 선진 의료시설을 세운다고 가정하자. 초기 단계에는 경험이 풍
부한 의사가 있기 때문에 안정적인 성적이 나온다고 해도, 해당 지역에 배치된
젊은 의사는 충분한 경험을 쌓지 못하게 되어 의료시설 자체의 성적은 불안정
하게 된다. 그 결과 다음 세대 주민은 사망과 합병증 발생률이 대폭 증가하고
병원은 채산이 맞지 않아 폐업을 면치 못하게 된다.

도표 3-8은 전문의 제도와 연계한 전국 병원 4,500곳의 증례 데이터가 등록된 NCD(National Clinical Database)의 분석 결과이다. 네 종류의 수술에 대해 과소화율(過疎化率)별로 지역을 세 집단으로 나누고 리스크를 조정한 사망률을 표시한 분포이다. 대도시라고 해서 치료 성적이 좋은 것은 아니라는 것이 분명하게 드러난다. 췌두십이지장 절제술과 간 절제술처럼 오히려 과소 지역이 전체적으로 좋은 성적을 보이는 예도 있다.

"제한된 자원을 활용해 최대의 성과를 낸다."라는 관점에서 보면 병원이 밀집해 경쟁하는 도시보다 선택지가 제한되어 있는 과소 지역이 병원 간의 연계가 효율적이며 역할 분담이나 집약화로 좋은 성적을 거두기 때문이다.

앞으로는 빅데이터를 이용해 지역의 상황과 과제를 파악하고 수준·비용·접근성 등의 관점에서 "우리 지역은 이러한 의료를 실현할 것이다."라는 비전을 공유해야 한다. 지역의료 구상 검토에 참여하는 환자·국민도 서비스를 받을 권리만이 아니라, 장래 세대까지 시스템이 지속가능하도록 유지해야 한다는 책임감을 가지고 인재를 양성해야 한다.

이러한 관점에서 '일본의 제한된 인적 자원과 재원을 효과적·효율적으로 활용하면서 환자·국민에게 제공되는 보건의료 서비스의 질을 최대화하는 동시에, 앞으로도 안정적으로 제공'하거나 '보건의료 전문가와 환자·국민이 스스로 최적의 보건의료와 건강 지키기를 실현하면서, 의료기관 등도 경영의 효율화·안정화에 힘쓰고 관계자의 자율적인 대처로 보건의료 제공 시스템이 효율적으로 유지'되는 사회 가치관을 실현하는 것도 웰빙 플랫폼의 역할 중 하나이다.

- -

근미래 칼럼 4 >>> 20XX년, 개호시설 경영자의 이야기

지금까지 개호는 고령자가 하지 못하는 일을 대신하는 것이 업무의 중심이었기 때문에 현장의 업무 환경이 매우 열악했습니다. 개호노동자의 임금 인정

기준도 '어느 수준의 개호 지원을 했는가?'를 묻는 평가 방식을 취해왔습니다. 예를 들면 '일상생활에 보호와 도움이 필요. 자리에서 일어서거나 걸어 다닐 때도 도움이 필요(요개호1)'나 '일상생활과 자리에서 일어나는 것도 혼자서 불가능. 배설 등도 전반적으로 도움이 필요(요개호3)'라는 기준입니다.

이러한 기준에 따라 임금이 환산되기 때문에 환자나 고령자에게 양질의 서비스를 제공하고 함께 열심히 노력해서 환자나 고령자의 상태가 개선된다 하더라도, 그 결과 임금이 적어지는 상황이 발생하게 됩니다. 이런 상황에서는 현장 업무에 대한 의욕이 생기지 않는다는 목소리도 많이 듣게 됩니다.

그런데 IoT기술과 PeOPLe을 연동한 지킴이(미마모리) 센서가 도입되면서 환자나 고령자가 '무엇을 할 수 있는가?'라는 측면에서 평가할 수 있게 되었습니다. 이에 따라 임금 인정에 드는 시간과 수고가 단축되었을 뿐만 아니라 양질의 서비스를 제공하기 위한 인센티브(장려금)가 생겨서 개호노동자들도 의욕이 가득합니다.

환자나 고령자가 희망한다면 개호가 필요 없는 상태까지 회복할 수 있도록 전력을 다할 것입니다. 개호노동자와 환자나 고령자가 합심해서 함께 노력하고 능력을 살려서 개호도가 개선되는 성취감을 느낄 수 있었습니다.

근미래 칼럼 5 >>> 20XX년, 도도부현 의료 정책 담당자의 이야기

각 현마다, 지역의 사회 자원과 인구 구조는 큰 차이가 있습니다. 대도시에서는 고령인구가 늘어나는 한편, 과소 지역에서는 인구 전체가 줄어들고 있습니다. 앞으로의 지역의료는 지역별로 생각할 필요가 있습니다. 왜냐하면 주민이 생활하는 공간은 '지역'이기 때문입니다. 지역 전체가 주민에게 최적인 보건의료 서비스를 제공하고 있는지를 살펴보아야 합니다.

PeOPLe에서 가져온 데이터를 사용하니 우리 현의 지역 특성이 보였습니다. 예컨대 지역별 질병 구조와 인구 동향을 교차 확인하니, 지역의 보건의료 수요를 정확하게 파악할 수 있었습니다. 특히 우리 현에서는 고령인구가 늘어가는 대도시의 의료 수요를 어떻게 대응할 것인지가 과제가 되었습니다.

분명 주거지 근처에 선진 의료시설이 있으면 안심이 됩니다. 그러나 그 시설이 일정 수준 이상의 기량을 갖추기 위해서는 어느 정도의 경험(예를 들면 증례 수)이 필요하다는 것도 알았습니다. 당장의 마음의 위안을 위해 시설을 유치한다 해도 장소를 잘못 선택하면 증례 수가 모이지 않는 실적이 낮은 병원을 다음 세대에게 남기게 될지도 모릅니다.

보건의료시설은 주민의 재산입니다. 단기적인 시야로 바라볼 것이 아니라 인구 분포와 교통망, 사회 인프라 등 폭넓은 데이터와 정보를 수집하고 '마을 조성'이라는 관점에서 급성기 의료·재활·개호와 검진·예방과 같은 빈틈없는 연계 체제를 생각해야 합니다.

최근에는 데이터를 사용하게 되면서 기관들의 연계를 통해, 지역 환자의 건강 수준이 향상된다는 시뮬레이션도 할 수 있게 되었습니다. 각 기관이 효율성 있게 능력을 발휘하며 연계하고, 장래에도 안정적으로 운영해나갈 수 있는 자율적이고 자주적인 지역 만들기가 되었으면 합니다.

- -

4 웰빙 플랫폼으로 실현하는 웰스케어

개인을 중심으로 자신의 웰빙을 향상시키고 주위와 서로 버팀목이 되어주는 PeOPLe의 기반은 웰스케어에도 활용할 수 있다. 예를 들어 자산운용에서 인지증은 리스크가 크기 때문에, PeOPLe에서 자신의 데이터를 분석해서 인지증 리스크를 초기 단계에 발견하면 진행을 완화할 수 있다.

포켓몬GO는 게임을 즐기면서 자연스럽게 야외에서 활동하도록 처음으로 유도한 획기적인 시도였다. 앞으로 유사한 방법론은 더 발전할 것이다. 사람마다 심신 상태나 생활 환경이 다르며, 따라서 움직여야 하는 활동량이나 시행해야 하는 사회활동이 그때그때 다르다. PeOPLe의 데이터를 통해 얻을 수 있는 정보를 바탕으로 그 사람에게 필요한 균형 잡힌 신체 활동과 지적 자극이 무엇인지 도출한다. 이 정보에 따라 사람들은 다양한 활동을 즐기면서 인지증을 예방하거나 완화할 수 있다.

실제로 인지증이 진행되었다 하더라도 모든 활동에 곤란을 겪는 것은 아니다. 인지증환자 지원에 ICT를 활용하면 저하된 인지기능을 보완해 사회경제적인 활동을 지속할 수 있다. 한 예로 고령자가 운전을 할 때 신체적·정신적 피로로 브레이크와 액셀을 착각하지 않게끔 하는 자동제어 시스템을 지원할 수 있다.

마찬가지로 자산운용에서도, 기존의 운용 이력에 AI를 이용해 자산운용 패턴을 예측하고 자신의 행동 패턴에서 어긋나는 운용이나 리스크가 지나치게 높은 의사결정에 대해서는 안전장치가 작동하도록 한다면, 가능한 오랫동안 자신의 의지에 가까운 경제 활동을 지속할 수 있을 것이다.

데이터의 활용을 통해 인지증환자만이 아니라, 인지증환자가 주위 사람들에게 받는 지원의 질을 높이는 것도 중요하다. 지금까지는 단순히 다른 사람에게 위임했던 자산운용도, AI를 활용해서 자산운용 이력으로 도출한 행동 패턴과 인지증환자의 의사를 조율해서 가족이나 성년후견인의 판단을 도울 수 있다.

이 일련의 과정은 데이터를 통해 제삼자도 검증할 수 있으므로, 환자의 의사를 따르지 않은 악질적인 판단이 이루어졌을 때에는 재판소 등, 제삼자에 의한 과정 검증이 보증된다. 이러한 추적 가능성 담보는 악질적인 판단에 대한 억제력으로 작용할 수 있다.

앞으로 ICT 혁신이 보건의료 제공 시스템과 조화를 이루고, 사람들의 생활을 폭넓게 지원하는 새롭고 고도화된 의료기술의 개발이 촉진될 것이다. 이러한 변화는 보건의료 서비스의 수준과 효율성을 높이고, 보건의료 제공 시스템을 지속가능하게 한다. 또한 헬스케어와 ICT가 융합된 새로운 산업의 창출은 일본의 경제성장을 견인할 뿐만 아니라, 세계의 건강 및 웰빙을 선도할 것

이다.[10]

● ●

근미래 칼럼 **6** >>> 20XX년, PeOPLe을 이용한 사용자의 이야기

저출산·고령화라고 이야기하지만 인구의 구조와 변동은 지역마다 다르기 때문에, 모든 지역에 적정 수의 의사와 간호사, 보건의료 전문가를 배치할 수 있는 것은 아닌가봅니다.

저는 큰 병에 걸려 도시에 있는 병원에 입원한 적이 있습니다. 퇴원 후에는 집에서 요양을 하고 있습니다. 최근에는 다른 질병도 발병해서 쇠약해진 상태이지만, 주치의 선생님은 병원의 시스템에 제 데이터를 입력하고 다양한 분야의 전문의 선생님과 협력해서 언제나 정확한 투약 처방과 지원을 해줍니다.

또한 제 몸 상태를 웨어러블 단말과 센서가 감지하고 의사와 간호사, 개호노동자와 데이터를 연계·공유해서 몸 상태에 이상이 있거나 누군가의 도움이 필요해지면, 간호사나 개호노동자가 집으로 찾아옵니다. 복약 상황도 데이터로 관리되어 조금이라도 약이 맞지 않으면 약사가 복약 지도를 해줍니다.

의사 선생님은 외래에 왕진에 바쁘지만, 최근에는 PeOPLe시스템을 도입해서 업무에 조금 여유가 생긴 듯합니다. 간호사들도 환자가 필요할 때 찾아가는 시스템으로 바뀌어서 부담이 줄었다고 합니다. 환자들도 여러 업종의 사람들에게 도움을 받으며 안심하고 생활할 수 있어서 여느 때보다 분위기가 밝습니다.

PeOPLe 시스템을 통해 만난 여러 업종 사람들의 도움으로, 저의 심신 상태를 자세히 알 수 있었고 생활하면서 어떻게 질병에 대처할 것인지를 자세히 상

● ● ●

10 감사의 말: 이번 장의 내용 대부분은 필자가 속한 '보건의료 분야의 ICT 활용 추진 간담회'의 제언에 기초하고 있다. 해당 간담회의 구성원 및 사무국을 지원해주신 후생노동성 분들에게 이 지면을 빌려 깊은 감사를 전한다. 또한 집필 기회를 주신 '게이오기주쿠 대학 금융·경제·의료에 관한 연구회' 분들에게도 깊은 감사를 전한다.

담할 수 있었습니다. 그러는 동안 여러 사람과 신뢰 관계도 싹트게 되었습니다. 최근에는 사생관(死生觀)에 관한 이야기를 가족과 함께 나누어, 제 의사를 제대로 전달할 수 없게 될 때를 대비해서 제 생각을 미리 전할 수 있었습니다. 요즘은 집에서 편안한 마음으로 생활하고 있습니다.

(미야타 히로아키)

제4장

고령사회를 지원하는 테크놀로지는
어떠해야 하는가

1 │ 테크놀로지의 변천

약 200만 년 전, 구석기 시대 인류과(科) 동물이 돌을 쪼개 도구를 만들고 불을 붙이는 방법을 고안한 것이 테크놀로지의 시초일 것이다. 인류는 그 후로도 다양한 테크놀로지를 만들고 또 테크놀로지에 휩쓸리면서, 다양한 연구를 집약한 테크놀로지를 사회와 생활에 적용하고 풍부한 삶의 방식을 만들어왔다. 테크놀로지는 우리의 생활 구조를 크게 바꾸었으며 개인에게 주어진 시간의 사용법을 바꿔놓았다.

세계를 여행하며 사람들의 생활과 테크놀로지의 양상을 고찰한 뒤 『테크늄(Technium)』을 쓴 케빈 켈리(Kevin Kelly)는 "테크놀로지에 의한 기술이 새로운 도구를 만들어내고, 그것이 다시 또 새로운 기술을 낳고, 그것이 다시 또 새로운 도구를 낳는 무한 연쇄가 이어진다."[1]라고 말한다. 그렇다면 앞으로 이어질 10년 동안 테크놀로지는 일본이 직면하게 될 초저출산·고령화를 맞아 어떻게 진화할 것이며, 윤택한 장수사회를 만들기 위해 어떠한 기여를 할 것인가?

현대의 테크놀로지는 '이동능력의 확장(기차와 자동차는 인간이 하루에는 걸어서 갈 수 없는 원거리를 갈 수 있게 한다.)', '작업의 대체(우리가 빨래를 하지 않아도 세탁기가 옷을 세탁해준다.)', '시간의 연장과 단축(냉장고는 식재료의 보관 기간을 늘려주고 오븐은 조리 시간을 단축해준다.)'처럼 생활상의 '시간'과 '공간'을 작용점으로 편의성을 향상시키고 발전시켜왔다.

현재 범용 제품 개발에 활용할 수 있는 숙련 기술은 크기는 미터에서 밀리미터로, 무게는 킬로그램에서 그램으로 소형·경량화가 이루어져, 인체와 소지

• • •

1 케빈 켈리 『테크늄 — 테크놀로지는 어디를 향해 가는가?』 핫토리 가쓰라 역, 미스즈쇼보, 2014년.

품에 '기생하는' 수준까지 발달했다. 이 같은 기술로 개발한 의료·복지용 제품을 '외골격(外骨格) 로봇[2]!' '웨어러블 센싱(Wearable Sensing)!'이라고 미디어를 통해 매일같이 떠들썩하게 선전하지만, 이러한 제품들을 개별적인 기술이론이 아니라 도구 세트로 받아들이고, 어떠한 관점에서 사용을 구분해서 사회와 생활을 구상해나갈 것인지를 논의해야 할 시점에 이르렀다.

이번 장에서는 장수·고령사회를 사는 사람들과, 그 사람들을 지원하는 의료 제공자의 시점에서 의료복지 테크놀로지의 개발에 필요한 포인트를 고찰하려 한다.

2 | 의료와 복지를 지원하는 테크놀로지군(群)

우선 복지와 의료를 지원하는 테크놀로지로 기대를 모으고 있는(혹은 이미 사용 중인) 대표적인 몇 가지를 개관하고, 이번 장에서 다루는 범위를 확인하는 데에서부터 시작하고자 한다. 장수·고령사회에서 의료·경제적으로 큰 문제는 '인지증'과 '운동장애'이다. 인지증에 관해서는 제1장에서 개설하고 있으며 제2장에서 심도 있는 논의가 이루어졌으므로 이번 장에서는 '운동장애'에 어떻게 접근할 것인지에 대한 방법론을 이야기하고자 한다.

건강한 고령자와 뇌졸중 환자의 운동능력과 운동량은 인지기능과 밀접하게 관련되어 있으며 운동을 통한 적절한 운동량 확보로 인지기능 저하를 예방

• • •

2 로봇 팔이나 다리 등을 사람에게 장착해 근력을 높여주는 장치. 로봇을 입는다는 의미로 웨어러블 로봇(Wearable Robot)이라고도 한다. (옮긴이)

할 수 있다.[3] 그러한 의미에서 이번 장에서 다루는 '테크놀로지를 활용한 운동의 대행(복지)과 회복(의료)'은 개인이 생활하는 일상의 동작을 재건하고 개호의 부담을 덜어줄 수 있을 뿐만 아니라, 인지기능의 유지와 개선을 돕고 건전하고 능동적인 금융거래와 자산관리 행동을 촉진한다. 이번 장의 내용은 테크놀로지를 활용해서 운동기능을 회복하는 방법론이 금융과 경제의 문제에도 관련된다는 점을 지적하고자 한다.

운동장애를 극복하기 위한 테크놀로지는 용도별로 의료와 복지로 나뉜다. 우선 의료를 지원하는 테크놀로지를 개관하려 한다(도표 4-1-A). 로봇을 이용한 운동기능 재건 기술에는 근 활동량에 따라 구동되는 다자유도(多自由度) 능동 의수와 장비(①), 외골격 보행 보조 로봇의 상용화(②)가 추진 중이다.

환자의 운동능력을 치료하고 회복하기 위해 로봇과 가상 현실을 이용해 팔을 굽히고 펴는 연습(③)이나, 뇌 활동 상태에 맞춘 로봇 운동보조와 신경에 전기 자극을 주어 뇌 신경회로에서 감각으로 전환하는 BMI(Brain-Machine Interface) 치료(④) 등이 주목을 받고 있다.

특히 ②와 ④의 테크놀로지는 지금까지 의료 기기의 범주에 속하지 않았던 새로운 개념이어서, 2015년에 의약품의료기기종합기구(의약품 · 의료 기기 · 재생의료 제품에 대한 '승인심사 · 안전대책 · 건강피해 구제'라는 세 가지 업무를 담당하는 조직)에 '생체 신호 반응식 운동 기능 개선 장치'라는 일반 명칭의 의료 기기 카테고리가 신설되었다. 이에 따라 유효성과 안정성에 대한 심사 과정이 표준화되어, 첨단 테크놀로지의 의료 기기를 활용하는 구체적인 방안이 제시되었다. 일반 병원에 보급하기 위해서는 여러 기관의 공동 연구를 통한 치료 효과의 검증, 관련 학회에서 발행하는 가이드라인 등에 적용 장려 기재, 공적

● ● ●

3 Saunders. D. H. et al., "Physical Activity and Exercise After Stroke: Review of Multiple Meaningful Benefits," *Stroke*, 45(12): 3742–7, 2014; Marzolini, S. et al., "The Effects of An Aerobic and Resistance Exercise Training Program on Cognition Following Stroke," *Neurorehabil Neural Repair*, 27(5): 392–402, 2013.

A 의료용

①의수, 장비

②보행 보조 로봇

③운동 훈련 시스템

④BMI 치료

B 복지용

①식사 보조 로봇

②커뮤니케이션 보조 기구

③이동 보조 로봇

④개호인 지원 로봇

의료보험에 추가되기 위한 활동 등을 견실하고 지속적으로 추진해나갈 필요가 있다.

이번에는 복지 테크놀로지에 관한 이야기를 하려 한다(도표 4-1-B). 예컨대 식사를 돕는 동작 보조 로봇(①)이나, 특수 키보드와 시선 검출 안경을 통해 컴퓨터에 입력하는 것을 돕고 사람들과의 의사소통을 돕는 커뮤니케이션 보조 기구(②), 환자의 이동을 돕는 로봇(③), 개호인의 부담을 덜도록 작동하는 외골격 로봇(④)이 있다. 이처럼 개호인이 지고 있던 부담의 일부를 테크놀로지로 대체하거나 손상된 능력을 테크놀로지를 통해 보완해서 환자와 개호인의 삶의 질 향상과 근로 기회의 확대를 돕는 것이 복지 테크놀로지이다.

복지 테크놀로지의 이용을 확대하기 위해서는 개호보험의 급여 대상으로 인정받는 것이 중요하다. 후생노동성이 승인한 복지용구 카테고리에 포함되지 않는 선진 테크놀로지에 대해서는, 앞에서 이야기한 의료기술과 마찬가지로 적용 범위와 목적, 유효성, 안전성 검증을 거쳐 관련 학회와 연계해 의료보험 적용 대상에 추가되도록 해야 한다.

최근에는 복지 테크놀로지와 유사한 기능의 일반 제품이 시장에 투입되기 시작했다는 점도 간과할 수 없다. 예를 들어 아마존 에코(Amazon Echo)나 구글 홈(Google Home)은 음성인식기능을 탑재한 가전 제어 장치로, 사용자가 장치를 향해 이야기하면 텔레비전이나 실내조명 등을 조작할 수 있다. 이는 고도 사지마비 환자가 사용하는 환경 제어 장치와 유사한 기능을 가진 시판 제품이다. 그 외에도 퍼스널 모빌리티(Personal Mobility)라는 1인승 이동 보조 기기는 마비환자와 고령자를 위한 전동 휠체어와 동일한 기능을 한다.

지금까지는 테크놀로지 수준이 부족했기 때문에 젊고 건강한 사람에게는 불편함과 번거로움이 더 크게 다가와 멀리했던 제품군이 다기능화, 소형·경량화, 조작의 편리성 등에 성공해 일반 소비자의 구매 의욕을 자극하기 시작했다. 복지의 세계에서 많은 수요가 있을 뿐 아니라, 지금까지 다소 불편하더라도 기기를 조율하면서 이용해온 '대중'적인 복지기술이, 이처럼 일반 시장에서 제품 진화의 수혜로 개량 발전이 이루어졌다.

| 3 | 고령사회와 뇌졸중 |

앞의 제2절에서 소개한 테크놀로지군(群)은 고령사회에 어떤 영향을 초래할 것인가? 이번 절에서는 몇 가지 통계자료를 참조해 의료와 복지를 위한 테크놀로지의 경제 효과를 전망하려 한다.

고령사회에서 큰 문제가 되는 질환 중 하나로 뇌졸중이 있다. 뇌졸중이란 뇌 혈관이 막히거나 파열되어 뇌 신경계에 충분한 영양이 공급되지 않아 뇌 일부가 죽는 질병이다. 노화와 생활습관병(고혈압, 당뇨병 등)은 혈관벽을 두꺼워지게 만들거나 혈관에 강한 압력을 가하기 때문에 뇌졸중을 일으키는 위험 요소이다.[4] 일본에서 뇌졸중은 예전에는 사망 원인 1위를 차지할 정도의 질병이었지만, 1960년경을 정점으로 뇌졸중 사망률이 낮아지기 시작해서 현재는 암, 심장병, 폐렴에 이은 4번째이다.[5]

사망률이 감소한 요인이 급성기 의료 수준의 향상과 식생활 개선에 있다고 보지만, 실상 환자 수 자체가 줄어든 것은 아니다. 인구 10만 명당 뇌졸중 발병률은 1980년에서 1990년에 걸쳐 급증하다가 1990년 이후로는 감소세로 돌아섰지만 인구 10만 명당 200~300명 수준이 계속 이어진다.[6] 뇌졸중에서 목숨을 건져도 40%의 환자에게서 운동장애, 감각장애, 고차 기능장애 등의 후유증이 나타났으며[7] 개호의 필요 없이 건강하게 지내는 '건강수명'은 줄어들었다. 뇌졸중이 요개호 질병 1위라는 사실이 이를 뒷받침한다.[8]

일본인의 건강수명은 2013년 시점에 남성은 71.2세, 여성은 74.2세이며 평균수명과 비교하면 남성은 9년, 여성은 12년이나 짧다.[9] 즉 약 10년은 본인의

● ● ●

4 일본 뇌졸중학회 뇌졸중 가이드라인 위원회 편 『뇌졸중 치료 가이드라인 2015』 교와기카쿠, 2015년.

5 후생노동성 「2016년 일본 인구 동태(2014년까지 동향)」 (http://www.mhlw.go.jp/toukei/list/dl/81_1a2. pdf).

6 후생노동성 「2014년 환자 조사」 표5-1 및 표5-2 (http://www.e-stat.go.jp/SG1/estat/List. do?lid=000001141596).

7 도요나가 도시히로 책임 편집 「병례로 보는 뇌졸중 복직 지원과 재활 시스템」 노동자건강복지기구, 2011년. (http://www.research.johas.go.jp/booklet/pdf/12_02.pdf).

8 후생노동성 「2013년 국민생활 기초조사의 개황」 제14표 (http://www.mhlw.go.jp/toukei/saikin/hw/ k-tyosa/k-tyosa13/dl/06.pdf).

9 내각부 「고령자의 양상과 주위 환경의 현상과 동향」 『2016년판 고령사회 백서』 제1장 제2절 (http:// www8.cao.go.jp/kourei/whitepaper/w_2016/zenbun/28pdf_index.html).

생활이 제한되며 개호하는 사람의 시간과 비용을 사용하게 되고 보험료와 세금으로 조달하는 의료보험, 개호보험이 계속 지출된다.

사회가 고령화되고 뇌졸중 후유증 환자는 늘어가는 한편 개호인과 납세자 세대는 감소 추세이기 때문에, 적은 인구로 많은 환자를 어떻게 지원해나갈 것인지가 문제이며 뇌졸중 후의 생활 재건과 사회 복귀를 위한 의료복지 전략을 신속하게 구축하고 개선해나가는 작업이 필요하다.

그 작업은 다면적이고 포괄적이어야 하며, 국민 계몽을 통해 생활습관을 개선하거나 정기검진을 장려하는 예방 계몽 운동도 중요하지만, 이번 장에서는 뇌졸중 후유증 환자를 위한 테크놀로지의 역할에 한정해서 논의를 전개하고자 한다.

4 | 개호 문제에서 테크놀로지의 역할

도표 4-2-A는 개호보험제도에서 보험금 급여 상황을 나타낸다. 개호보험 제도는 국가의 인정을 받은 케어 매니저(Care Manager)가 현장 조사를 해서 보험금 수급을 희망하는 사람의 상태를 요지원(要支援) 1~2, 요개호(要介護) 1~5의 2구분 7단계로 분류한다. 분류별로 뇌졸중 발병 환자 수를 보면 8.5~34.5%의 높은 비율을 차지하고 있다는 것을 알 수 있다.[10] 연간 급여비 총액은 뇌졸중만으로 2조 3,000억 엔에 달한다는 계산이다.

예컨대 테크놀로지를 활용해서 환자의 운동기능이 개선되고, 필요한 개호량이 줄어들어 개호인의 부담이 감소한다는 시나리오를 상정해보자. 요개호

●●●

10 국민건강보험중앙회 「인정자·수급자 상황/2013년도 연간분」 (http://www.kokuho.or.jp/statistics/st_ninju_H25.html) 및 전게주 8.

A 요개호별 뇌혈관 질환(뇌졸중)의 개호급여비

	요지원1	요지원2	요개호1	요개호2	요개호3	요개호4	요개호5	합계
급여비 총액 (100만 엔)	161,382	337,612	1,164,792	1,649,050	1,903,639	2,106,621	2,002,965	9,326,061
급여자 수(인)	802,804	795,360	1,096,509	1,028,235	771,690	723,399	635,834	5,853,831
1인당 급여비 (만 엔)	20.1	42.4	106.2	160.4	246.7	291.2	315.0	169.0 (평균)
요개호별 뇌혈관 질환이 차지하는 비율(%)	8.5	14.1	13.9	18.9	23.5	30.9	34.5	–
뇌혈관 질환 환자 수(인)	68,238	112,146	152,415	194,336	181,347	223,530	219,363	151,375
뇌혈관 질환 급여비 총액(억 엔)	137	476	1,619	3,117	4,474	6,509	6,910	**23,242**

B 요개호도 3이하의 10%가 요개호도가 1단계 개선될 경우

뇌혈관 질환 환자 수(인)	79,453	116,173	156,607	193,037	163,212	223,530	219,363	1,151,375
뇌혈관 질환 급여비 총액(억 엔)	160	493	1,664	3,096	4,026	6,509	6,910	**22,858**

비용 절감 효과(억 엔) ▲384

C 요개호도 3이하의 10%가 요개호도가 2단계 개선될 경우

뇌혈관 질환 환자 수(인)	94,694	120,365	155,308	174,903	163,212	223,530	219,363	1,151,375
뇌혈관 질환 급여비 총액(억 엔)	190	511	1,650	2,805	4,026	6,509	6,910	**22,602**

비용 절감 효과(억 엔) ▲640

(출처) 필자 작성.

A 신규 뇌졸중 발병자의 취업 복귀

연간 발병자 수 (a)	30만 명			
그중 20% 사망, 20% 자연 회복 (b)	12만 명			
재활 대상이 되는 연간 발병자 수 (c=a-b)	18만 명			
생산연령 비율(추정) (d)	25.6%			
이직률 (e)	56%		45%	
신규 발병 이직자 수 (f=c×d×e)	2.6만 명		2.1만 명	5,000명
평균 연 수입 (g)	420만 엔		420만 엔	
일실 수입 손실 (h=f×g)	1,084억 엔		871억 엔	213억 엔
소득세 (i)	20%		20%	
세수 감소 (h×i)	217억 엔		174억 엔	43억 엔

B 뇌졸중 발병 환자의 취업 복귀

뇌졸중 환자 수 (추계) (j)	300만 명
이직 뇌졸중 환자 수 (k=j×d×e)	43만 명
테크놀로지를 이용한 취업 (l)	5%
재취업자 수 (m)	2.2만 명
수입 증가 (n=m×g)	903억 엔
세수 증가 (n×i)	181억 엔

(출처) 일본 재활의학회, 근로자건강복지기구, 후생노동성, 국세청 등 자료에 기초해 필자 작성.

도 3 이하의 수급자 중 10%가 테크놀로지의 활용으로 개호도가 1단계 개선된다고 가정하면, 비용 절감 효과 시산액(試算額)은 연간 384억 엔이며(도표4-2-B), 2단계 개선될 때의 시산액은 연간 640억 엔이다(도표4-2-C).

개호도가 높은 환자에서부터 낮은 환자까지 모든 개호도의 환자에게 적용할 수 있으며 이 기술을 사용하면 건강한 사람과 다름없이 생활할 수 있는 꿈같은 테크놀로지란 현실에 존재하지 않는다. 이것도 필요하고, 저것도 필요한 사람이라면 돈, 시간, 사람이라는 자원은 한정적이므로, 위 시산에서처럼 '목표'와 '효과량'을 현실적인 범위로 설정하고 테크놀로지의 연구 개발에 초점을 맞추는 편이 개발 자원을 효율적으로 운용할 수 있다.

보험금 급여 비용의 절감만이 아니라 뇌졸중 환자의 취업 복귀에 따른 경제 효과에도 주목해야 한다(도표 4-3-A). 현재 상태에서는 연간 뇌졸중 발병자 수 약 30만 명 중 약 20%가 사망하고 그 외 20%는 자연 회복한다.[11] 따라서 나머지 18만 명이 개호 생활을 하게 된다.

20~70세를 근로 연령층으로 보고 그 비율을 25.6%로 추정[12]했을 때, 그 중 56%가 부득이하게 일자리를 떠나게 된다.[13] 즉 2만 6,000명이 뇌졸중 발병을 계기로 일을 그만두게 된다는 계산이다. 일본의 연 수입은 평균 420만 엔[14]이므로, 병으로 인한 일실(逸失) 수입 손실은 1,084억 엔, 세수(稅收) 감소는 217억 엔이 된다.

한편 뇌졸중 회복 후, 조기 재취업에도 고도의 손가락 기능장애가 관련되어 있다. 고용 사업체가 고도의 손가락 기능장애가 있다고 인정하지 않을 경우에는 기능장애가 있다고 인정할 경우에 비해 재취업 할 확률이 약 5배[15] 높기 때문에 테크놀로지를 활용해서 손가락의 운동기능을 회복하거나 또는 보상함으로써 재취업을 촉진하는 효과를 기대할 수 있다. 테크놀로지를 활용해서 뇌졸중으로 인한 일자리 이탈률을 56%에서 45%로 줄일 수 있다면 5,000명, 213억 엔 상당의 고용 창출(43억 엔의 세수 증가)로 이어져 의료경제 면에서 큰 영향이 있을 것으로 추계된다.

뇌졸중이 이미 발병한 300만 명의 환자층에도 같은 방법을 적용해 검토를

● ● ●

11 사에키 사토루·하치스카 겐지 「뇌졸중 후 복직 — 최근 연구의 국제 동향에 대해」 『종합 재활』 39권 4호, 2011년.

12 후생노동성 「2014년 환자 조사」 표62 (http://www.e-stat.go.jp/SG1/estat/List.do?lid=000001141596)

13 전게주 11 참조.

14 국세청 「2015년분 민간급여 실태조사 결과」 (http://www.nta.go.jp/kohyo/tokei/kokuzeicho/minkan2015/minkan.htm).

15 전게주 7 참조.

시도했다. 취업 연령층의 비율에서 실직률을 곱해서 예측한 뇌졸중 환자 중 실직자 수를 43만 명으로 가정하고 다시 그중 5%가 테크놀로지를 활용해 취업했다고 하면 2만 2,000명, 903억 엔의 고용 창출(181억 엔의 세수 증가)이 전망된다(도표 4-3-B). 신규 발병자에 대한 앞의 추계와 합하면 실제로는 연간 1,116억 엔의 고용 창출, 224억 엔의 세수 증가가 이루어진다.

이와 같은 시나리오를 바탕으로 개호보험 급여비와 고용 창출 및 세수를 시산한 결과를 봐도, 요개호 상태 환자의 운동장애 개선을 돕는 테크놀로지의 개발은 의료경제적인 효과가 높으며 저출산·고령화시대에도 지속가능한 사회를 구축하는 데 크게 공헌할 수 있다.

5 | 뉴 테크놀로지를 이용한 신경기능 치료와 보완

앞 절에서 살펴본 것처럼 의료·개호 부담이 큰 고도(高度) 병례에 대한 접근은 고령화사회에서 의료경제를 지원하는 중요한 포인트가 된다. 그러나 지금까지 개발된 재활치료는 중등도나 경도를 위한 것이 많았다. 왜냐하면 고도 병례의 경우 몸을 움직일 수가 없어서 운동기능 회복 훈련이 불가능하기 때문이다.

재활훈련은 환자가 마비되어 불편한 팔다리를 움직이면, 그 움직임이 좀 더 자연스러워지도록 지도하고 움직임의 반복을 통해 두뇌에 적절한 신경 회로가 형성되도록 촉진한다. 운동을 하려 해도 우선 두뇌 회로의 구동이 중요하며(사용 의존성) 그때 적절한 뇌 활동이 순조롭게 발생하게끔 외부에서 자극을 주거나 시각과 타동적인 사지 운동을 개입해서 뇌에 피드백을 주는 것이 그다음으

로 중요하다(타이밍 의존성).[16]

　그러나 고도 병례에서는 이러한 요소가 충분히 성립되지 않는다. 수준 높은 의학 잡지로 정평이 나 있는《랜싯 신경학(The Lancet Neurology)》에는 세계 각지에서 검토한 주요 신규 재활치료가 게재되지만, 이를 보아도 대부분이 중등도와 경도가 대상인 연구이며, 고도 병례에 시행해도 유의미한 치료 효과는 인정되지 않았다.[17]

　이러한 상황에서 게이오기주쿠 대학 의학부 재활의학교실과 동 대학 이학부 생명정보학과 재활신경과학연구실에서는 국립연구개발법인 일본 의료연구개발기구(AMED) '뇌 과학 연구 전략 추진 프로그램', '미래 의료', '의료 기구 개발 추진 사업'의 지원을 받아 마비로 사지가 거의 움직이지 않는 고도 병례일 때에도 운동 생성에 관한 뇌 회로 구동을 촉진하고 적절한 뇌 활동 패턴이 정착하도록 피드백을 하는 치료 디바이스를 개발하고 있다. 이번 장에서는 실례를 소개하면서 뉴 테크놀로지를 활용해 장수사회를 지원한다는 콘셉트와 치료법 구상에 대한 논점을 밝히고자 한다.

　재활신경과학연구실이 게이오기주쿠 대학 의학부 재활의학교실 및 파나소닉과 공동 개발 중인 기술이 BMI(Brain-Machine Interface)를 활용한 신경 재활기술이다.[18] BMI에서는 고도 반신마비 상태의 뇌졸중 환자의 두피에 직경 10mm가량의 금속 전극을 붙이고 뇌파를 측정한다. 뇌 속에는 대뇌피질 운동야라는 골격근에 운동 지령을 내리는 뇌 영역이 있어 뇌파를 사용해서 운동야의 활성 상태를 실시간으로 해독한다.

● ● ●

16 Ushiba, J. and Soekadar, S. R., "Brain-machine Interfaces for Rehabilitation of Poststroke Hemiplegia," *Prog Brain Res*, 228: 163–83, 2016.

17 Langhorne, P. et al., "Moter Recovery After Stroke: A Systematic Review," *Lancet Neurology*, 8(8): 741–54, 2009.

18 우시바 준이치 「신경과학과 재활의학을 연결한다 ― BMI 재활을 제재(題材)로」 『재활의학』 53권 4호, 2016년.

만성기 고도 반신마비 환자의 뇌 활동은 사람에 따라 가지각색이다. 본래 필요하지 않은 뇌 영역 활동을 비롯해 과잉 활동이 나오는 경우도 있고, 반대로 뇌 활동이 충분히 일어나지 않는 경우도 있다. 시행착오를 거듭하는 동안, 마비된 사지가 운동을 하는 데 필요한 뇌 활동이 나왔을 때에만 마비된 손에 장치한 전동식 기구가 구동해서 손의 움직임을 보조한다. 동시에 마비된 근육 피부 바로 위에 부착한 전극을 통해 전기 자극을 주면 근 수축을 일으키며 생체 감각을 뇌에 피드백한다.

이러한 시스템을 이용해 하루 한 시간 정도 블록을 손에 쥐었다 폈다 하는 훈련을 반복하면 2주 후에는 약 70%의 환자에게서 근육 반응이 나오거나 손가락이 움직이는 반응이 나온다.

근육 반응이 나오게 된 경우에는 우리가 HANDS 요법이라고 부르는, BMI와는 다른 치료로 이행한다.[19] HANDS 요법은 근육 바로 위의 피부에 전극을 붙이고 환자가 손을 움직이려 하는 순간의 근육 반응을 모니터링한다. 모니터에는 전기 자극 기능도 탑재되어 있어 근육반응 강도에 즉시 대응해서 근육에 전기 자극을 돌려보낸다. HANDS 요법은, 전력보조 자동차가 페달을 밟는 힘의 강도에 반응해 전동 모터의 보조전력을 높이는 원리와 비슷해서, 마비된 근육의 미미한 반응을 포착해서 반응을 증폭하도록 근육에 전기자극을 준다.

HANDS 요법에서는 엄지손가락을 다른 네 손가락의 대립위로 고정하고 연성(부드러운 성질) 장비를 장착해서 물건을 쥐기 쉬운 상태로 만든다. 따라서 환자는 훈련을 할 때 외에도 이 장치를 이용할 수 있다. 장치를 장착하면 전기자극의 도움으로 손을 크게 벌리거나 오므릴 수 있기 때문에 즉각적인 효과로 물건을 쥐고 놓는 게 수월해진다. 마비된 손을 사용하기 편해지기 때문에 마비

● ● ●

19 Fujiwara. T. et al., "Motor Improvement and Corticospinal Modulation Induced by Hybrid Assistive Neuromuscular Dynamic Stimulation (HANDS) Therapy in Patients with Chronic Stroke," *Neurorehabil Neural Repair*, 23(2): 125–32, 2009.

된 손의 사용 빈도도 자연히 증가하게 된다. 이 상황은 단순히 '손을 사용하기 편해졌다'는 운동 보조 기구로서의 유용성에 그치지 않고 지속적인 사용과 함께 뇌 기능의 치료로 이어진다.

HANDS 요법의 신경계 치료 작용은 BMI의 신경재활기술과 공통되며, 운동에 필요한 뇌 신경회로를 반복해서 작동하고, 뇌 활동에 상응하는 적절한 피드백을 몸에서 뇌를 향해 재전달하는 작용이 핵심이다. 지금까지 경험으로 볼 때 BMI 치료를 거쳐 HANDS 요법으로 이행한 환자의 마비된 손의 운동 기능은 원래 점수의 약 1.4배, 일상생활 동작에서는 사용 빈도가 약 5배 개선된다고 인정되었으며, 임상적으로 의미가 있는 최소 효과량(Minimally Clinical Important Difference: MCID) 이상의 치료 효과를 보고 있다.[20]

우리가 개발한 의료 테크놀로지의 특징을 정리하면 다음과 같다.

- 생체반응으로 작동하는 로봇공학이다.
- 수술이 필요하지 않으며 탈·장착을 할 수 있는 웨어러블 디바이스이다.
- 장착한 장비가 마비된 손의 운동을 보조해 자기 의사대로 물건을 쥐고 놓을 수 있다.
- 디바이스를 지속적으로 이용하면 뇌 기능이 재구성된다.
- 디바이스를 제거한 상태에서도 손가락 기능이 회복된다.
- BMI에서 근육 반응이 나오는 수준까지 회복되면 다음 치료 단계인 HANDS 요법으로 이행한다.

다음 절에서는 이와 같은 경험을 통해 도출된 의료 테크놀로지 개발의 '핵심'

· · ·

20 Kawakami, M., et al., "A New Therapeutic Application of Brain-Machine Interface (BMI) Training Followed by Hybrid Assistive Neuromuscular Dynamic Stimulation (HANDS) Therapy for Patients with Severe Hemiparetic Stroke: A Proof of Concept Study," *Restor Neurol Neurosci*, 34(5): 789-97, 2016.

을 해설하고, 지금까지 상세히 논의되지 않은 몇 가지 주제를 다루고자 한다.

6 | 의료 테크놀로지 개발의 '핵심'

⬛1 신체의 '어느 부분을' '어느 정도까지 치료할 것인가'

손가락의 움직임이 완전히 회복되지 않아 손가락이 굽은 채로 100g의 악력 밖에 낼 수 없다고 해도 자기 의사대로 손을 사용할 수 있다면, 일상생활의 많은 동작을 다시 할 수 있다. 예를 들어 침대에 손을 짚고 몸을 일으킬 수 있다. 한 손으로 파자마 자락을 잡고 다른 손으로 단추를 풀 수 있다. 칫솔에 치약을 바를 수 있다. 빗으로 머리를 빗을 수 있다. 한 손으로 파를 잡고 다른 손으로 칼을 잡고 잘게 채 썰어 미소된장국 위에 올릴 수 있다.

마비된 손을 보조적 역할이라도 기본적인 일상생활 동작에 사용할 수 있다면 일상생활 동작의 자립, 개호 부담 감소, 직무능력 재획득으로 사회 복귀, 무엇보다 삶에 대한 의욕 증진을 기대할 수 있다.

그럼에도 여전히 회복이 힘든 동작은, 재활을 지원하는 복지 테크놀로지를 이용할 수 있다. 마비된 팔다리의 적극적인 사용은 운동기능의 회복을 돕고, 장애 상황에 적절한 복지 테크놀로지를 병용한다면 더욱 다양한 상황에서 마비된 손을 사용할 수 있을 것이다. 사고나 질병으로 잃어버린 신체기능을 100% 원래대로 회복하는 '꿈의 치료'가 존재하지 않는 현재로서는, 테크놀로지를 조합해서 잃어버린 기능을 다시 회복하는 것을 목표로 하며, 기능 회복의 수준을 현실적으로 설정할 필요가 있다.

이처럼 고령사회에서 의료 테크놀로지의 양상을 보면, 예를 들어 '의료복지를 지원하는 로봇 팔 개발'의 경우 단순히 '다자유도(多自由度)', '빠른 동작', '강한 악력'을 실현하는 고성능 로봇을 지향하는 것만이 종착점이 아니라는 사실을 깨닫게 된다.

손가락이 하나씩 따로따로 움직이지 않아도 주먹을 쥐는 동작과 다섯 손가락을 다 펴는 동작을 부드럽게 할 수 있다면 주위 여러 가지 물건을 집을 수 있다. 스틸 캔을 찌그러뜨릴 정도의 악력은 필요치 않으니 가볍고 튼튼하며 장착하기 쉬운 것이 좋다. 몸에 장착하기 즐거운 디자인이 좋다. '적정 기술로서의 테크놀로지 디자인'의 의미는 의료복지 분야에서 아직 검토와 표준화의 여지가 남아 있다.

2 운동, 동작, 행위

의료복지를 지원하는 테크놀로지를 어떻게 적정하게 디자인하는가? 여기서 포인트는 '운동'과 '동작'과 '행위'의 차이이다.

'운동'이란 몸의 자세가 시간에 따라 연속해서 변화하는 것으로, 예컨대 팔꿈치나 손목이 몇 번 접히는지와 같은 물리량으로 측정할 수 있다. 로봇을 활용해서 마비된 팔다리의 움직임을 보조하면, '운동'을 보조하는 셈이 된다. 이에 비해 '동작'이란 운동을 통해 구체적으로 이루어지는 작업을 뜻하며, 다소 구체적인 목적과 과제가 있다.

손가락 관절을 30도 구부리는 것은 '운동'이고, 이러한 운동을 통해 양복 옷자락을 잡고 단추를 끼우는 행동은 '동작'이다. 복수의 동작을 조합해서 생활·사회·문화적인 의도를 실현하면 '행위'가 된다. 의자에 앉아서 컵을 손에 들고 주전자의 물을 따른 다음 컵을 입으로 가져가 마신다는 복수 '동작'의 조합을 통해 목이 마르다는 욕구를 충족하는 '행위'가 형성된다.

하위 요소가 성립되면 비로소 상위 요소가 실현되지만, 주의할 점은 하위 요소가 성립되었다고 해서 반드시 상위 요소가 실현된다고 단언할 수는 없다는 점이다. 즉 양자의 관계는 비선형(非線型)이며 운동으로 어느 정도 개선되었다고 해서, 동작 또는 행위의 유용성 향상으로 이어지는 않을 수 있다는 점에 유의해야 한다.

예컨대 손가락의 운동기능을 생각해보면 손가락이 전혀 움직이지 않는 '기

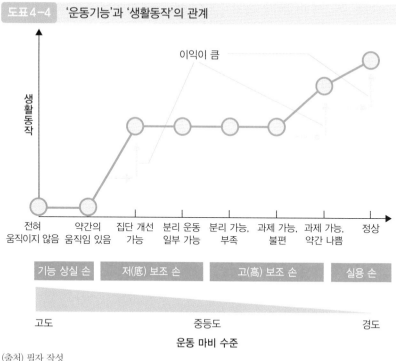

도표 4-4 '운동기능'과 '생활동작'의 관계

이익이 큼

생활동작

전혀 움직이지 않음 / 약간의 움직임 있음 / 집단 개선 가능 / 분리 운동 일부 가능 / 분리 가능, 부족 / 과제 가능, 불편 / 과제 가능, 약간 나쁨 / 정상

기능 상실 손 | 저(低) 보조 손 | 고(高) 보조 손 | 실용 손

고도   중등도   경도

운동 마비 수준

(출처) 필자 작성.

능 상실 손' 상태에서 간신히 손가락을 접고 펼 수 있는 '저(低)보조 손' 상태까지 기능을 회복하면 일상생활에서 할 수 있는 동작이 부쩍 늘어난다. 예를 들어 음료수를 마실 때 마비된 손으로 페트병을 들고 있을 수 있다. 옷을 입을 때 옷자락을 잡고 있을 수 있다. 요리를 할 때 식재료를 건네줄 수 있다.

그렇다면 손가락을 조금이라도 펴고 접을 수 있게 되고 손가락을 벌리는 각도가 4도에서 그 배인 8도로 개선되면 어떤 일이 일어날까? 아쉽게도 손가락이 2배 더 벌어진다고 해서 일상생활에서 새롭게 할 수 있는 동작이란 전무하다시피하며 '운동'의 회복이 '동작'의 개선을 가져오지는 않는다. 운동의 회복은 실용적인 가치를 발생하지는 않는다.

그 외에도 처음에는 주먹을 쥐거나 다섯 손가락을 다 펴는 정도였지만, 손가락의 움직임에 불편이 남아 있기는 해도 손가락이 각각 움직일 수 있게 된다면 어떤 일이 일어날까? 아쉽게도 이 경우에도 일상생활에서 새롭게 할 수 있는 동작이란 그리 많지 않다. 운동능력이 개선된다 해도 실용성 향상으로 이어지지 않는 경우가 사실상 다수이기 때문이다(도표 4-4).

예컨대 로봇을 이용해 신체운동을 보조한다고 하면 로봇을 '운동'의 작용점으로 삼아 신체기능을 보조·보완·회복시키는 역할을 한다. 한편 로봇을 이용해서 '동작'의 재획득과 효율화, 그리고 동작에 따른 '행위'의 재획득과 범위 확대를 기대할 수 있다.

앞에서도 이야기한 대로 '운동'의 개선이 모든 '동작'의 회복으로 이어지지는 않기 때문에 '운동' 단위 회복당 '동작(혹은 행위)' 개선의 폭, 즉 '이득'이라는 생각을 의심할 필요가 있다. 개발 기간과 인적·금전적 자원이 제한된 가운데 고령사회에 도움이 되는 테크놀로지를 창출하기 위해서는, 대상 환자에게 이득이 높은 운동장애를 선정하고 해당 분야에 자원을 집중해 의료복지 테크놀로지를 개발할 필요가 있다.

3 의료 기구인가, 복지 기구인가?

복지(기능 보조·보완)와 의료(기능 회복)라는 두 가지 개념은 보험제도에서는 명확하게 구분되지만, 신체운동과 관련해서는 경계가 애매한 부분이 있다. 뇌졸중 치료의 경우, 발병 후 4~6개월이 지나면 기능 회복 속도가 둔화되기 때문에 의료보험제도에서는 150일(고도의 경우 180일)을 표준 산정 일수로 설정하고 있으며, 그 후로는 의료기관이 아닌 개호노인 보건시설, 데이케어(Day-care)[21], 자택과 같은 통원·방문 재활 시스템과 개호보험을 이용하도록 되어 있다.

• • •

21 낮에는 병원에 입원하여 치료를 받고 밤에만 집에 돌아가 생활하는 치료 방법. (옮긴이)

그러나 최근 신경 재활 연구의 발전으로 회복 속도가 둔화된다고 보는 6개월이 지난 후에도 지금까지 예측해온 이상으로 기능을 회복하기 시작했다. 뇌에는 기능을 전환해서 원래 기능을 유지하려는 '가역성'이라는 성질이 있으며, 고령이거나 뇌에 상처를 입어도 일정의 가역성이 잔존한다.

이러한 가역성을 유도하는 조건에는 여러 가지가 있는데, 그중에 대표적인 것이 앞에서 다룬 바 있는 '(마비된 사지의) 사용 빈도'와 '피드백'이다. 마비된 사지를 바른 형태로 사용하는 빈도를 늘리면 중추 신경계에 잔존해 있는 신경세포의 기능이 바뀌면서 잃어버린 기능 일부를 회복할 수 있다.

반대로 뇌 기능을 충분히 사용하지 않으면 '학습성 비사용' 상태, 즉 '본래는 사용할 수 있지만 사용하지 않도록 학습된' 상태가 되어 그 결과 뇌 기능이 필요 이상으로 저하된다.[22]

마비된 사지를 움직였을 때 피드백으로 얻게 되는 보상도 중요하다. 마비된 사지를 움직여서 컵을 들거나 옷을 입는 등의 행위 그 자체가 보상이 되거나, 물리치료사의 칭찬이 보상이 되기도 한다. 이러한 보상이 뇌 정보계에 작용해 운동기억의 정착성을 높인다는 보고가 있다.[23]

의료기관에서 이루어지는 치료 훈련 시간은 의료보험제도상 1일에 2시간까지이며, 가령 사람의 활동 시간이 14시간이라고 한다면 그중 14%에 지나지 않는다. 한편 앞에서 소개한 손가락 운동기능을 보조하는 웨어러블 디바이스를 이용한 HANDS 요법은 환자가 훈련실에서 치료사와 함께 하는 훈련뿐만 아니라 집에서 생활하면서도 이용할 수 있기 때문에, 실제로 일상생활 중간에 훈련을 하는 상황이 연출된다. 손의 움직임을 보조하는 복지 테크놀로지와 같

• • •

22 Jones, T. A. et al., "Motor System Plasticity in Stroke Models: Intrinsically Use-Dependent, Unreliably Useful," *Stroke*, 44 (6 Suppl 1): S104–6, 2013.

23 Abe, M. et al., "Reward Improves Long-Term Retention of a Motor Memory through Induction of Offline Memory Gains," *Curr Biol*, 21(7): 557–62, 2011.

은 웨어러블 장치의 이용이 '마비된 사지의 사용 빈도'를 높여서 치료 효과를 향상시킨다.

HANDS 요법을 이용하면, 이처럼 기능 회복을 기대할 수 없었던 만성기 마비의 경우에도 손가락 운동기능을 크게 개선할 수 있다.[24] 도입부에서 이야 기한 '복지=기능 보조·보완', '의료=기능 회복'과 같은 구조만이 아니라 '복지 테크놀로지를 통해 마비된 사지에 신체 훈련 효과를 내고 결과적으로 신체기 능을 회복하고(복지→의료)' '회복한 기능에 따라 좀 더 고도의 복지 테크놀로 지를 이용하는(의료→복지)' 상호 작용도 있을 수 있다.

의료복지 테크놀로지에서 기술혁신을 일으킬 새로운 개념에, 이러한 상호 작용에 초점을 맞추어 의료와 복지가 선순환하는 의료복지 테크놀로지와 서 비스의 제공이 존재하지 않을까? 그렇게 된다면, 현재의 가정을 뛰어넘는 신체 기능의 회복을 실현하고 생활의 재건, 사회 복귀를 촉진할 수 있을 것이다. 의 료와 개호를 제공하는 측의 자금과 인적 자원을 절약하고 요개호 환자의 비율 을 줄인다는 관점의 테크놀로지 개발은 소수의 근로세대가 다수의 고령자를 지탱해야 하는 초고령사회의 의료복지 요구에 적극적으로 대처해나갈 수 있을 것이다.

④ 일상생활, 사회생활에 복귀하기 위한 치료 파이프라인

지금까지 반복해서 이야기한 것처럼, 테크놀로지가 가져다주는 의료와 복지 의 효과는 한정적이다. 즉, 신경기능을 치료하는 테크놀로지이건 복지의 보조 도구로서의 테크놀로지이건, 이것만 사용하면 아무런 불편 없이 100% 완벽하 게 팔다리를 사용할 수 있는 '꿈의 기술'이란 없다. 테크놀로지로 실현할 수 있 는 일이란 제한적이다.

• • •

24 전게주 19 참조.

이유의 한 가지로 모터나 센서와 같은 요소기술의 작동이 생물에 비하면 압도적으로 낮다는 점을 들 수 있다. 예컨대 웨어러블 로봇의 경우, 동력원인 모터의 단위 사이즈당 발휘력은 근육에 비해 압도적으로 낮다. 에너지 변환 효율도 근육에 비해 압도적으로 떨어진다. 인간의 근 골격계가 가지는 자유도와 발휘력을 100% 그대로 실현한다는 것은 지금의 테크놀로지로는 불가능하다. 따라서 인간은 필연적으로 본래 지닌 능력보다 기능이 제한된 로봇을 만들 수밖에 없다.

테크놀로지가 의료복지에 도움이 되도록 하려면 어떤 마음가짐을 가져야 할 것인가?

테크놀로지는 도구이다. 도구는 각각의 목적과 사용법이 있다. 예를 들어 가위라는 도구는 종이를 자른다는 목적을 가지고 있다. 가위에는 엄지와 검지·중지를 넣는 구멍이 있으며, 구멍에 손가락을 넣고서 가윗날로 종이를 자른다. 이처럼 도구는 사전에 사용법이 정해져 있다. 도구는 사용자에 맞게 디자인되어 있다. 예를 들어 천을 자르기 위한 가위는 날이 크며 손가락의 작은 움직임이 가윗날에 크게 반영되도록 디자인되어 있는 반면, 손톱을 자르는 작은 가위는 손가락을 크게 벌려야 비로소 날이 움직이도록 설계되어 있다.

의료와 복지를 위한 테크놀로지도 마찬가지로 '처방 대상', '인터페이스', '치료 종료 시점' 세 가지를 분명하게 정할 필요가 있다. 즉, 손가락이 마비되었다고 해도 뇌졸중인지 척수손상인지에 따라 손상된 신경 경로의 종류와 손상 상황이 다르기 때문에 손가락에서 나타나는 증상이 다르며, 어깨, 팔꿈치, 손목 등 관련 부위나 발병된 마비 정도, 동반되는 근육의 경직 양상도 다양하다.

이 테크놀로지가 어떤 질병과 중증도(重症度)에 관한 것인지 우선 처방 대상을 명확히 할 필요가 있다. 한 가지 테크놀로지로 지원할 수 있는 대상은 한정적이지만 복수의 테크놀로지로 '질환·중증도 지도' 전체를 빈틈없이 지원할 수 있다면, 의료와 복지 현장에서 누구에게 무엇을 사용하는지를 체계적으로 판단하고 운용할 수 있다.

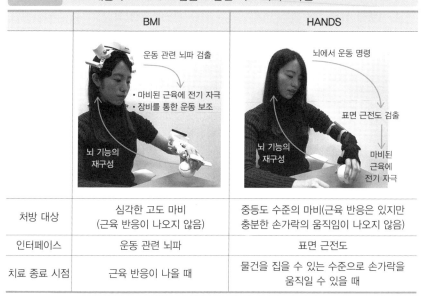

	BMI	HANDS
처방 대상	심각한 고도 마비 (근육 반응이 나오지 않음)	중등도 수준의 마비(근육 반응은 있지만 충분한 손가락의 움직임이 나오지 않음)
인터페이스	운동 관련 뇌파	표면 근전도
치료 종료 시점	근육 반응이 나올 때	물건을 집을 수 있는 수준으로 손가락을 움직일 수 있을 때

(출처) 필자 작성.

 다음으로 치료 종료 시점, 즉 테크놀로지로 환자의 손가락 상태가 어느 수준까지 개선되면 '치료 성공'으로 판단할 것인지에 대한 객관적이며 정량적(定量的)인 기준을 정할 필요성이 있다. 또한 그 기준은 다른 테크놀로지를 이용한 치료 대상에도 적용할 수 있도록 정해야 한다. 우선 테크놀로지 A로 환자의 상태가 호전되었을 때에는 최적의 치료 개입인 테크놀로지 B로 이행해 한 단계 높은 기능 회복을 노린다.

 이런 식으로 빈틈없는 치료 파이프라인을 구축하기 위해서는 양자가 연결될 수 있는 형태로 각 치료법의 입구와 출구를 정의하는 일이 중요하다.

 우리의 연구에서도 도표4-5에서처럼 BMI 재활과 HANDS 요법을 유기적으로 자리매김한다. 즉, 근육을 움직일 수 없을 정도로 고도 운동장애가 있는 사람은 우선 근육 반응이 나올 때까지 BMI를 지속한다. 근육 반응이 나오면 HANDS 요법을 이용할 수 있으므로 HANDS 요법으로 이행해서 좀 더 집중적인 치료훈련을 실시한다. 훈련 경과가 좋지 않을 경우에는 기존의 보상적인 방법으로 이행해 사용하는 팔을 바꿔보거나 집을 개조해 '생활의 편리'와 '주거의 편의'를 구축한다.

이러한 방법으로 이전의 의료 체계와 연계하면서 뉴 테크놀로지를 이용한 치료법을 유기적으로 연결시키고, 의료 제공자 측은 환자의 중병도와 개입 효과에 기초해 다음 치료 전략을 선정한다. 현재는 기술 주도의 상향식(Bottom-Up형) 연구 개발이 많은 것으로 보이지만, 연구 개발 초기에 치료 체계를 파악하고 미싱 포인트(Missing Point: 기존 의료로 커버할 수 없는 대상)와 개선 포인트(신규 개발품으로 대체가 기대되는 기술)를 확정해서 개발 당초 혹은 초기부터 이용을 상정하고 만든다면 효율적일 것이다.

7 | 의료복지 테크놀로지의 개발 방법론

의료기술의 개발 전략에 대해 체계적인 방법론을 제안·실천한 예로 스탠퍼드 대학 바이오 디자인(Bio Design) 프로그램이 있다. 바이오 디자인 프로그램은 의료 현장의 요구를 반영하고, 해결에 필요한 기술을 개발·육성하는 체계적인 상향식 개발 전략이며 우수한 지식 체계이다. 현재 경제산업성 후원으로 오사카 대학, 도호쿠 대학, 도쿄 대학에 시범 도입되었다.

이번 장에서 지금까지 지적한 개발 전략은 의료·경제적 관점에서 중점 영역을 축소시키고 치료 이익이 큰 치료 대상을 구분해서 기존 치료 체계로 통합시키기 위해 인터페이스와 종료 시점을 설정하는 등, 몇 가지 하향식(Top-Down) 평가 항목을 설정해서 개발 대상과 개발 공정의 구체화를 촉진하는 것이다.

또한 스탠퍼드 대학 바이오 디자인 프로그램은 카테터(Catheter)와 호흡기 등 외과 분야의 대처가 중심이었던 데 비해, 이번 장에서 다룬 대상은 내과적 (재활 분야), 비침습(非侵襲) 기술, 치료·간호·복지에 이르는 생활과 사회의 접합 등이 키워드로 부상한다.

일본은 사상 유례가 없는 속도로 고령화사회에 진입했으며, 앞으로 고령화사회에 들어서게 될 국가들의 롤 모델이 될 것이다. 일본은 첨단 기술과 의료를 보유하고 있으며, 의료복지상의 과제를 해결할 수 있는 다양한 방법과 전문분야를 갖추고 있다. 의학, 이·공학, 경제학 분야의 지혜를 모아 일본형(型) 바이오 디자인을 구축하고 실천하며 전파할 때, 선구적이고 윤택한 장수사회가 실현될 것이다.

8 실용화를 위한 과제

이번 장에서는 우리가 향후 맞이하게 될 저출산·고령화사회를 지원하는 테크놀로지의 양상을 정리했다. 의료경제적인 관점의 하향식(Top-Down) 사고에 따라 신체의 '어느 부분'을 '어느 정도'까지 치료하고, 무엇을 복지기술로 지원할 것인지에 대해 실현가능한 차원으로 대상과 효과량을 고려해서 핵심개발 목표를 책정할 필요가 있다.

또한 지금까지의 의료복지 체계와 연결하기 위해서 명확한 연결 기준과 치료 종료 시점의 책정을 기술 개발 초기 단계에서부터 고려해야 하며, 임상 연구를 통해 PDCA[25] 사이클을 돌면서 그 개념 실증을 조기에 달성하는 것이 실용화를 위한 효과적인 방법의 하나이다.

• • •

25 계획(Plan)→실천(Do)→확인(Check)→조치(Action)를 반복해서 실행하여 목표 달성을 하고자 하는 데 사용하는 기법. (옮긴이)

인공지능이나 로봇공학과 같은 선진 기술의 범용화가 일반 시장으로 퍼져나가는 가운데, 이를 빠르게 의료복지 산업에 도입해서 안전하고 안심할 수 있는 임상 등급으로 품질을 보장할 수 있는, 효율적인 테크놀로지 개발을 조기에 추진해나가는 것이 앞으로의 과제이다.

뇌 기능을 조절하거나 숙련시키는 신경재활 연구는 지금까지 기초 연구 단계였던 것이 임상 단계까지 이행되고 있기 때문에 '마비는 치료되지 않는 질병'이라는 운동장애에 대한 지금까지의 방법론을 수정하지 않을 수 없게 되었다. 이와 같은 과학 면의 성과를 적극적으로 수용하면서 이를 활용한 테크놀로지를 개발해나가는 일이 선진적인 의료복지 시스템을 구축하기 위해 필요하다.

일본은 의료복지 서비스, 산업력, 선진 기술 개발력 등 모든 부분이 높은 수준에 도달해 있다. 기초에서 실용까지 그리고 테크놀로지에서 의료복지 서비스까지, 광범위한 영역을 조망하면서 이를 통합할 인재를 체계적으로 육성하는 체계를 구축하는 일 또한 중·장기적인 관점에서 지속적인 발전을 위해 중요하다. 산·관·학이 함께 하는 의료복지 뉴 테크놀로지의 개발이 기대되는 바이다.

(우시바 준이치)

제5장

고령사회의
근로 양상과 건강

일본에서 100세 이상 장수 고령자는 2015년에 3만 명을 넘어섰으며, 개호를 필요로 하지 않고 자립적으로 생활할 수 있는 기간인 건강수명에 대한 관심이 높아지고 있다. 건강한 고령화는 고령자의 사회 참여를 촉진하고 삶의 보람 혹은 삶의 질 향상에도 기여한다. 무엇보다 평균수명과 건강수명의 차이가 남성은 약 9년, 여성은 약 12년이 나는 상황에서, 가능한 한 건강수명을 늘리고 사회참여 기회를 증대시키려는 노력의 중요성이 증가하고 있다. 최근의 조사 결과에 따르면 근로의욕이 있는 65세 이상의 고령자 비율이 60%를 넘어섰다. 따라서 이번 장에서는 공중위생의 관점에서 고령사회의 근로 양상과 건강에 대해 이야기하고자 한다.

1 | 고령자의 사회 참여 · 역할과 건강

건강수명 연장에 대한 대처가 일본 전역에서 다양하게 추진되고 있다. 그중에서도 유명한 개호 예방 대책으로 '건강 백세 체조'가 있다(도표 5-1). 고치시(市)에서 개발된 이 체조는 호리카와 슌이치 고치시 보건소장을 중심으로 고치시 보건복지팀이 고령화가 진행된 지역의 개호 예방을 목적으로 2002년부터 시작한 주민 주도의 활동이다.

건강 백세 체조는 팔다리 근력별로 200g~2kg 사이의 추를 매달고 30분짜리 비디오 영상을 따라 움직인다. 이 체조는 누구나 당일부터 참가할 수 있으며, 노년기에 잃어버리기 쉬운 유연성과 근력을 유지하는 데 도움이 돼, 지역 고령자들의 압도적인 지지를 받으며 지금도 고치 시내 300여 곳 이상의 장소에서 주 1~2회 실시되고 있다. 그뿐만 아니라 고치현, 더 나아가 40개 도도부현 220개 시정촌에까지 퍼져, 연 1회 일본 열도의 '건강 백세 체조' 애호가들이 모여 교류 대회를 열게 되었다.

(출처) 필자 촬영.

자세한 내용은 차치하더라도 '건강 백세 체조'의 성공비결은 행정(시)의 지원은 최소화(비디오와 추의 무료 대여와 처음 4회만의 기술 지원)하고 그 후로는 '생활 도움'이라는 이름으로 주민이 주체가 되어 이루어졌으며, 참가자들은 단순히 체조를 하기 위해 모이는 것이 아니라 체조가 끝난 뒤에 수다를 떨거나 취미 활동을 위한 모임으로 발전하는 등, 사회 구성원으로서의 역할과 모임의 장소를 제공한 데 있다.

같은 시코쿠 도쿠시마현(県) 가미카쓰정(町) 소재의 '주식회사 이로도리'의 사례도 유명하다. 고령화율이 50%가 넘는 산간의 인구 과소(過疎) 지역에서 전해진 고령자들의 활약담은 영화로 제작되어 널리 알려지게 되었다. '츠마모노'란 요리를 장식할 때 쓰는 계절 꽃과 이파리 장식이다. 일본 요리에 멋을 더하는, 빠질 수 없는 요소이다. '주식회사 이로도리'는 산간의 인구 과소 지역이라는 점을 역으로 이용했으며, 자연의 혜택을 받은 토지를 이점으로 살렸다. 재배·출하·판매를 지역 고령자가 담당하는 사업 시스템이며 1986년에 시작해서 현재는 연중 다양한 종류의 츠마모노를 출하하며 연 매출은 5억 엔 이상이다.

ICT를 활용한 생산 정보 시스템 '가미카츠 정보 네트워크'가 구축되어 있어서 개인 사업자인 고령자는 예전에는 PC를, 지금은 태블릿을 이용해서 당일 비싸게 팔리는 이파리 종류를 확인하고 직접 주문을 받아 이파리를 출하한다. '주식회사 이로도리'의 사업자 중에는 연 매출이 1,000만 엔이 넘는 사람도 있지만 단순히 이윤이 목적이 아니라 "자신의 힘으로 손자 손녀에게 선물을 사줄 수 있다는 게 기쁘다."라는 동기가 크다. 결과적으로 가미카츠정은 의료·개호비가 주변 시정촌에 비해 1인당 연간 20만 엔 정도 낮은 수준이라고 한다.

초고령화 대처에 선진 지역이라고 할 수 있는 이 두 지역의 사례는 고령자와 지역사회 연결의 중요성과 고령자가 경제 활동을 지속하는 의미, 그리고 소속된 커뮤니티에서 가지는 일정한 역할의 중요성을 보여준다. 또한 이러한 일들이 고령자의 건강에도 깊이 관계되어 있음을 시사한다.

| 2 | 인구 구조로 보는 건강 문제와 고령자의 취업 |

일본이 세계에 앞서 경험하고 있는 초고령사회는 이제 글로벌 과제가 되었다. UN의 추계에 따르면 2050년에는 세계 전체 인구 중에서 65세 이상의 비율이 현재(2015년)의 8.3%에서 16%까지 증가하며, 지역별로도 아시아 18.2%, 유럽 27.6%, 북미 22.7%, 라틴아메리카·카리브해 19.5%, 오세아니아 18.2%로, 아프리카 5.9%, 사하라 이남 아프리카 4.9%를 제외하고는 모두

15%를 넘을 것으로 전망했다. 소위 초고령자에 해당하는 75세 이상도 현재의 3.3%에서 2050년에는 7.6%에 달할 것으로 전망했다.[1]

더욱 큰 과제는 도시화의 진전이다. 현재 세계 각지에서 도시인구가 증가하고 있다. UN경제사회국의 세계 도시화 예측에 따르면 1950년에는 30%에 불과했던 도시인구가 2011년경에 사상 처음으로 농촌인구를 웃돈 후로도 계속 증가해, 2014년에는 세계 총인구의 54%가 되고 2050년에는 66%가 도시에 거주한다고 예측한다.[2]

도시가 농촌보다 빈곤율이 낮고 의료나 수질과 같은 기본 공공 서비스에 대한 접근이 개선된다는 점에서 전체적인 건강 상태가 도시 쪽이 양호하며, 도시화가 진행되면서 사망률이 감소하고 약간 뒤늦게 출생률 감소가 시작되는 경우가 많기 때문에 결과적으로 고령화가 진행된다. 따라서 초고령사회는 저출산을 동반하게 되는 경우가 많다.

'인구 고령화 극복을 위한 사회 모델 고찰'이라는 부제가 붙은 2016년판 「후생노동백서」에서는 고령화 문제를 정면으로 다루고 있다. 노년기 생활과 취업에 대한 의식 조사 결과가 기재되어 있으며 40세 이상의 남녀에게 "당신은 노후의 어떤 부분에 불안을 느낍니까?"라는 물음에 '건강'이라는 대답이 73.6%로 가장 많았으며 그다음으로 많은 대답은 '경제(60.9%)'였다.

고령자 취업의 경우 2015년에 60세 이상 고령 취업자의 수는 60~64세 534만 명(62.2%), 65~69세 399만 명(41.5%), 70세 이상 330만 명(13.7%)으로 세계 각국과 비교할 때 높은 취업률을 보였으며, 현재는 취업 상태가 아니더라도 취업을 희망하는 고령자가 많았다. 이에 대해 60세 이상의 남녀를 대상으

• • •

1 UN, Department of Economic and Social Affairs, Population Division, "World Population Prospects, the 2015 Revision," 2015.

2 UN, Department of Economic and Social Affairs, Population Division, "World Urbanization Prospects, the 2014 Revision," 2014.

로 실시한 좀 더 구체적인 조사에 따르면 70세까지 일하고 싶은 사람의 비율이 23.6%, 75세까지가 10.1%, 76세 이상이 2.7%, 일할 수 있는 동안은 계속 일하고 싶은 사람의 비율이 29.5%로, 합계를 내면 65세 이후로도 근로 의욕이 있는 고령자의 비율이 65.9%에 달하며, 이 백서에 따르면 많은 고령자가 연령과 무관하게 활약할 수 있는 '생애 현역 사회'의 실현이 중요하다고 생각하는 것으로 나타났다.

이에 대해 2012년 '고령자 고용 안정 등에 관한 법률'의 개정에서는 정년제 폐지, 정년 연령 상향, 지속고용제도 도입 등을 고령자 고용 확보 조치의 일환으로 실시하고 기업 의무로 규정하는 고용확보제도가 정비되었으며, 65세까지 고령자의 취업을 위한 사회환경에 어느 정도 개선이 있었다. 향후 65세 이후로도 계속 근로 의지가 있는 고령자의 일자리 확보가 과제이며, 노동정책심의회의 논의를 통한 법 개정으로 65세 이후에도 계속해서 일하기를 원하는 고령자를 위한 제도, 즉 기업의 고령자 고용 촉진, 중년층 및 고령자의 재취업 지원, 지역사회의 다양한 고용·취업 기회 확보, 실버인재센터의 기능 강화 정비가 추진되고 있다.

3 생애 과정 방법론에 따른 노화와 심신기능의 변화

소위 고령자로 분류되는 연령에도 계속 일할 수 있기 위해서는 나이가 들면서 심신기능에 어떤 변화가 나타나는지 알아볼 필요가 있다. 고령으로 나타나는 건강 상태의 변화는 모든 사람에게 동등하게 일어나는 현상이다. 또한 일정 연령에 이르러 갑자기 시작되는 현상이 아니라 태어나서 죽을 때까지 생애에

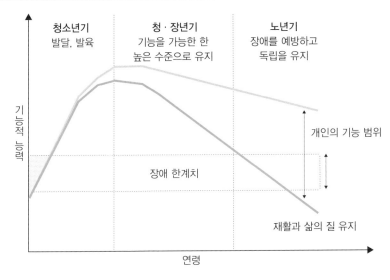

도표 5-2 생애 과정과 기능적 능력

청소년기
발달, 발육

청·장년기
기능을 가능한 한
높은 수준으로 유지

노년기
장애를 예방하고
독립을 유지

기능적 능력

개인의 기능 범위

장애 한계치

재활과 삶의 질 유지

연령

(출처) WHO, "A Life Course Approach to Health," 2000.

걸친 변화라고 볼 수 있다.

생애 과정(Life Course)[3] 방법론이란 건강을 질병이 있는가, 없는가 하는 이 분법으로 나누는 것이 아니라 시간이 경과하면서 연속적으로 변하는 상태로 파악하고, 변화에 대응해 사회적인 시점·관점을 포함한 지원을 하는 방법론 이다.

WHO는 2000년을 전후해 생애 과정 방법론에 관련된 보고서를 연이어 발표했다.[4] 이 보고서들은 노화에 따른 기능적 능력(Functional Capacity)의

• • •

3 아동기에서 노년기를 거쳐 죽음에 이르는 개인적 변화의 과정으로, 이것은 '일대기적 사건'과 '사회적 사 건' 간의 상호 작용의 결과로 일어난다. (옮긴이)

4 WHO, "A Life Course Perspective of Maintaining Independence in Older Age," 1999; WHO, "A Life Course Approach to Health," 2000.

변화에 대해 도표 5-2처럼 해석했다. 심폐기능과 근력과 같은 신체기능은 전체적으로 비교적 이른 시기인 청년기에 정점을 찍고 그 이후부터는 저하되기 시작하지만, 저하 수준과 속도는 사람마다 다르며 특히 음주와 흡연, 운동과 식습관과 같은 생활 습관의 영향을 많이 받는다. 또한 신체기능의 저하는 개인의 의식 전환을 유도하거나, 혹은 집단의 의식 전환을 정책적으로 유도해서 저하 속도를 늦출 수 있어, 기능 저하는 가역적(可逆的)인 프로세스라고 생각할 수 있다. 사회 계급과 거주 환경, 노동 환경 및 교육 수준과 경제 수준도 노년기 기능 저하에 영향을 미친다.

한편 노년기 건강 상태와 활동도는 지금까지의 생애 과정 전반에 걸친 다양한 사건의 결과이며, 개인이 수정할 수 없는 사회·경제적인 요소도 반영되어 있다. 또한 도표 5-2의 '장애 한계치(Disabled Threshold)'는 자립 상태와 개호가 필요한 상태의 경계를 나타내고 있지만 지원이 강화되는 사회환경의 변화에 따라서 꺾은선 그래프가 밑으로 내려가며, 기능을 보완하는 테크놀로지의 발전에 따라서도 밑으로 내려간다. 남녀의 성별차도 중요하다. 여성은 평균수명이 긴 반면 요개호 비율이 높고 개호가 필요한 기간이 길다.

2015년에 WHO가 출판한 「고령화와 건강에 관한 세계 보고서」에서는 생애 과정 전체의 흐름 속에서 노화로 인한 변화들을 받아들여야 하는 중요성을 강조하면서 기능적 능력을 최적화하는 방법론을 통해 '건강한 고령화'를 실현하는 제도 마련을 이야기한다.[5]

이 보고서는 노화와 기능 저하의 관련성을 소극적으로 인정하는 데 그치고 있다. 같은 패턴으로 기능이 저하되는 전형성을 가진 고령자란 존재하지 않기 때문에 개개인의 기능 수준에 맞는 대처가 필요하며, 새로운 테크놀로지를 통해 쇠퇴되어가는 기능을 보완하면 사회생활을 지속하거나 삶의 질을 향상시킬

• • •

5 WHO, "World Report on Ageing and Health," 2015.

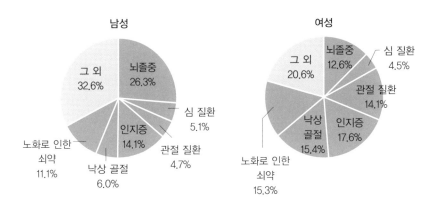

도표5-3 65세 이상 개호가 필요한 사람의 주요 개호 원인(성별에 따라)

(출처) 후생노동성 「2013년 국민생활 기초조사」를 바탕으로 필자 작성.

수 있다. 따라서 건강한 고령화를 실현하기 위한 출자를 사회적 비용이 아닌 투자로 생각해야 하는 필요성을 강조한다.

고령자의 기능적 능력을 이해하는 데 중요한 개념이 '허약(Frailty)'이다. 허약은 노년기에 쉽게 볼 수 있는 노년증후군의 하나이다. 예컨대 신체 활동 저하, 근력 저하, 움직임의 둔화, 피로와 지구력 저하, 의도치 않은 체중 감소라는 5가지 항목 중 3가지 이상이 해당된다면 허약 상태라고 평가하고, 기능과 근력의 저하나 상실로 허약해지기 쉬운 상태를 말한다.

도표5-3은 국가 조사(2013년)에 따라 65세 이상 개호가 필요한 사람 중에서 성별로 개호가 필요한 주요 원인을 나타낸 것이다. 여성은 뇌졸중과 심 질환을 합해도 전체의 17% 수준인 데 비해, 노년증후군은 관절 질환과 낙상 골절을 합하면 약 30%, 인지증이 약 18%, 노화로 인한 쇠약이 15%로 개호 원인의 약 3분의 2를 차지한다. 남성도 이 부분이 전체의 약 35%를 차지한다.

도쿄 대학의 아키야마 히로코 등의 조사에 따르면 노화로 인한 생활자립도 변화는 남성은 70세 전에 자립도가 급격하게 저하되는 그룹이 약 20%, 생애 자립도가 높은 그룹이 약 10%, 그 외에는 70대 후반에 완만하게 자립도가 저하되는 데 반해, 여성은 70세 전에 자립도가 급격하게 저하되는 그룹이 10% 초반, 그 외에는 70대 후반에 완만하게 자립도가 저하되는 것으로 나타났다.[6]

4 고령사회에서 고령자의 취업 촉진을 위한 건강 방법론

고령사회의 근로 양상과 건강을 생각할 때, 첫 번째로 생애 과정에 걸친 기능적 능력의 변화와 유지에 주목해야 한다는 관점이 중요하다. 대부분의 경우 신체기능 혹은 사회심리적 기능이 상실되기 시작하는 노년기 우선 과제에 대한 대책을 논의해왔지만, 그 이전부터 시간 경과에 따른 상태 변화로서 받아들여야 할 필요가 있다.

일본에서는 근로 세대의 건강 증진과 유지 대책의 일환으로 법령에 의한 건강 검진(건강 조사)과 검진 결과에 기초한 보건 지도가 직업 관련 질환 예방의 관점에서 시작해서 순환기 질환(뇌졸중, 심장병), 암, 당뇨병과 같은 생활습관병의 예방이라는 관점에 이르기까지 널리 이루어져왔다. 최근에는 정신 건강에 대한 스트레스 체크 시스템이 도입되었다.

물론 이러한 예방 대책은 근로자의 건강을 지키는 2차 예방(조기 발견·조기 치료)과 1차 예방(건강 증진) 대책으로서 중요하지만, 노년증후군은 개호가 필요한 상태를 예방한다는 데 의의가 있다. 성인기의 고혈압은 향후 낙상의 위험이 있으며 인지기능 저하와도 관계가 깊다. 당뇨병 역시 노년증후군 증상과 깊은 관련이 있다.

● ● ●

6 아키야마 히로코 「장수시대의 과학과 사회 구상」 「과학」 2010년 1월 호.

이러한 생활습관병을 중심으로 한 질환 예방의 관점에 추가해서, 앞으로는 직업상 건강 관리에서도 신체기능의 변화와 유지에 대한 접근이 필요하다. 특히 고령자의 취업 환경이 개선되면서 신체기능이 크게 저하된 고령자에 대한 지원이라는 측면에서 취업을 장기적으로 유지하기 위해서도, 신체 쇠약을 예방하고 테크놀로지를 활용해 저하된 신체기능을 보완하는 방법(예를 들어 쇠퇴된 근력에 보조로봇을 활용하는 등)의 도입이 필요하다.

두 번째로 기능적 능력의 관점에서 사회 시스템에 대한 연구가 필요하다. 이번 장의 도입부에서 소개한 것처럼, 고령자가 지역사회와 연결되어 일정한 역할을 가지고 있는 것은 고령자의 건강 상태 유지에도 도움이 된다. 유사 사례는 사회역학 분야의 많은 연구에서 볼 수 있다. 예컨대 군마현 다카사키시 구라부치정 지역의 65세 이상 고령자 984명을 대상으로 3.5년간 실시한 추적 조사에서도 지역사회에의 참여와 주위의 신뢰감이 일상생활 활동의 저하나 사망과 관련이 있는 것으로 나타났다.[7]

향후 빠르게 고령화가 진행될 도시에서는 지역사회가 연결되어 있지 않은 곳도 적지 않은 만큼, 시스템의 구축만이 아니라 책임자가 될 인재 양성도 중요하다. 그때 고령자의 소득 보장으로 연결되는 시스템이 필수적이다. 앞에서도 이야기했지만, 40세 이상 남녀가 느끼는 노후에 대한 불안 요소에서 70% 이상을 차지하는 요소가 건강이었으며 60%가 경제로 나타나, 이 두 가지는 불가분의 관계에 있다고 볼 수 있다. 공적연금인 사회보장제도를 기반으로 취업 문제를 해결하고 자금관리 면은 소득보장제도를 정비해서 해결을 시도한다. 이 두 제도를 사회참여 촉진의 한 세트로 지역에 정착시킬 필요가 있다.

마지막으로 근로 환경과 근로 시스템의 관점에서 이 문제를 생각해볼 필요

---

7 Imamura, H. et.al., "Relationships of Community and Individual Level Social Capital with Activities of Daily Living and Death by Gender," *International Journal of Environmental Research and Public Health*, 13(9), 2016.

워크 어빌리티 하우스 모델

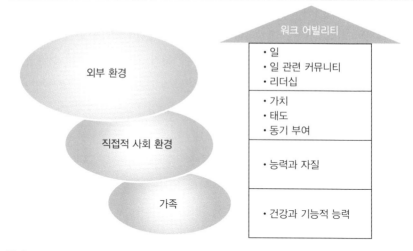

외부 환경

직접적 사회 환경

가족

워크 어빌리티

- 일
- 일 관련 커뮤니티
- 리더십

- 가치
- 태도
- 동기 부여

- 능력과 자질

- 건강과 기능적 능력

(출처) Ilmarinen, J., "Towards a Longer Worklife!: Ageing and the Quality of Worklife in the European Union," Finnish Institute of Occupational Health, Ministry of Social Affairs and Health, 2006에 기초해 필자 작성.

가 있다. 건강을 포함한 노동적응능력이라는 관점에서 고령자의 근로 양상을 파악하는 방안으로 1980년대부터 핀란드를 중심으로 유럽에서 이루어진 '워크 어빌리티(Work Ability)' 연구가 있다.[8]

워크 어빌리티란 현재 혹은 앞으로 얼마나 일할 수 있는지를 나타내는 개념이며, 핀란드 산업보건연구원(Finnish Institute of Occupational Health: FIOH)에서 제시하는 모델에서는 건강 및 기능적 능력을 기반으로 일에 대한 능력과 자질, 일에 대한 태도나 동기 부여와 같은 노동자 개개인의 요소와, 근로 환경과 리더십과 같은 직장 측의 요소의 조합을 따른다(도표5-4). 구체적으로는 워크 어빌리티 지수(Work Ability Index)를 이용해서 노동자의 주관적인

• • •

8 Juhani, E. I., "Aging Workers," *Occupational & Environmental Medicine*, 58(8), 2001.

업무적응능력을 워크 어빌리티로 평가하고 적절하게 배치되도록 하거나, 직장 환경 개선을 돕는다.

노동자 개인의 기능적 능력과 일의 조화를 추구한다는 관점은 고령자의 취업을 생각하는 데 시사하는 바가 큰 방법론이다. 단, 현장에서 워크 어빌리티의 적절한 평가 방법과 워크 어빌리티를 유지·향상시키는 프로그램 개발 등의 과제가 남아있다. 또한 고용이 장기 고용에서 고용 유동화로 변화하는 추세에 대해서도, 이러한 방법론이 진척되도록 기업 측에 인센티브를 주는 환경 마련 연구가 필요하다.

(다케바야시 도루)

제6장

고령자의 인지기능 저하와 법적 문제

— 성년후견제도의 현재와 과제

1 | 고령자의 판단능력을 둘러싼 법적 문제

🔳 판단능력과 거래의 유효성

우리의 일상생활과 밀접하게 관련된 민법에서는 우리를 손익을 계산할 수 있는 합리적이고 이성적인 판단을 하는 개인이라 여기며, 개인이 자유의사를 가지고 행사한 거래 행위를 유효한 것으로 존중한다(개인 의사의 존중, 사적 자치의 원칙). 따라서 연령에 따라 일률적으로 행위능력이 제한되는 미성년자와는 달리 성년이라면 단지 고령자라는 이유로 거래 행위능력에 제한을 받지 않는다.

그러나 고령자는 노화로 인해 이해력과 판단능력이 저하될 수 있으므로, 본인의 거래 행위라고 해도 거래 결과(권리 · 의무) 전부를 유효하다고 보거나 본인에게 귀속시키는 것은 타당하지 않다. 민법에서도 개인 의사 존중을 전제로, 거래 행위의 주체에게는 '의사능력'이 필요하므로 현저하게 판단능력이 저하된 사람의 거래 행위는 유효하지 않다고 본다.

'의사능력'이란 자신의 행위에 의한 법적인 결과를 인식 · 판단할 수 있는 능력이며, 의사능력이 없는 사람의 법률 행위는 무효로 본다. 의사능력은 거래 행위의 효과가 발생하기 위해 필요한 최소한의 능력이며 통상 7세 수준이 되면 의사능력이 갖춰진 것으로 본다. 단, 연령 등에 따른 획일화된 기준은 없으며, 의사능력 유무는 '문제가 되는 각 법률 행위의 난이도, 중대성 등을 고려해서 행위 결과를 올바르게 인식하고 있는가'를 중심으로 판단한다.[1]

의사능력 유무에 대한 논쟁은 최종적으로는 증명의 문제(증명 책임은 무효를 주장하는 표의자 측, 즉 고령자 측에 있다.)가 되지만, 인지기능 저하가 의심되는 고령자와 거래를 할 때는 상대방도 사후 분쟁을 막기 위해 거래 시 상황을 확인

• • •

1 도쿄 지방재판소 판례 2005년 9월 29일, 『판례 타임스』 1203호, 2006년, 73쪽.

하고 객관적 자료를 남기는 등 진중한 대처가 필요하다.[2] 해당 고령자와 지속적인 거래를 해온 경우에는 성년후견제도(제2절 참조)의 이용을 설명하는 것도 하나의 방법이다.

❷ 고령자 계약의 유효성이 쟁점이 된 사례

인지기능이 저하된 고령자가 맺은 계약(거래 행위)에 대해 계약 시 의사능력의 유무가 쟁점이 된 사례는 다수 있다.[3] 예를 들어, 다음과 같은 고령자의 금융거래에 관한 사례의 결론에서는 계약의 무효·유효로 나뉘게 된다.

사례 중에는 초고령자의 거래도 포함되어 있었지만 연령만으로 의사능력이 부정되는 일은 없으며, 의사능력의 유무 판단은 정신적인 장애의 정도를 감안해서 이루어진다. 단, 거래 계약을 체결할 때 정신적인 장애에 대해 진단을 받았다고 단언할 수 없으며, 거래 내용과 행위 시의 상황 등 개별 상황에 기초해 의사능력 유무를 구체적으로 판단했을 때 당사자 쌍방에게 예기치 않은 결과가 되는 경우도 있다.

분쟁을 미연에 방지하기 위해서는 고령자의 의사결정에 관한 지원 제도(성년후견제도, 금융기관 등 사업자 측의 설명 책임 명확화 등)가 중요하다.

- ● 금융거래 계약의 무효 사례
- • 금융기관이 자필 서명 및 도장 날인을 요구해서 맺은 연대 보증 계약이 알츠하이머(중등도 이상) 노인성 인지증 확정 진단을 받은 사람과 맺은 것이라고 보고 연대 보증 계약이 미성립 내지 무효가 되었다.[4]
- • 금융기관 담당자 앞에서 자필 서명한 계약서에 의한 근저당권 설정 계약[5]

• • •

2 사이토 데루오 다고 신야 감수 『Q&A 가사 사건과 은행 실무』 니혼카죠출판, 2013년, 44쪽 참조.

3 사와이 도모코 「의사능력 결여에 관한 판례와 문제점」 『판례 타임스』 1146호, 2004년.

4 후쿠오카 지방재판소 판례 1997년 6월 11일, 『순간(旬刊) 금융 법무 사정』 1497호, 1997년, 27쪽.

에서 설정자는 상당한 고도 인지증 증상을 앓고 있는 고령자이며 의사능력이 결여된 것으로 보고 무효가 되었다.[6]

● 금융거래 계약의 유효 사례
• 은행에서 2억 엔의 융자를 받아 부동산에 근저당권 설정 계약을 맺은 고령자(88세)는 다발성 뇌경색 등으로 판단의 정확성이 결여된 상태이며 보행이 부자유하지만 일상생활에는 문제가 없었던 것이 인정되며 의사 무능력에 대해서도 입증이 부족해 의사능력 결여가 인정되지 않아 계약 유효가 되었다.[7]

❸ 성년후견제도를 통한 지원의 의미 ― 의사능력과 행위능력의 차이

의사능력의 유무는 계약을 체결할 때 필수 요소이며, 사후에는 개별 계약의 효력을 부정하는 것에 지나지 않는다. 인지기능이 저하된 고령자의 판단능력이 지속적으로 부족한 상태라는 점을 감안한 총체적 리스크 관리를 위한, 전형적이고 획일적 기준의 사전 대응책을 마련해야 한다.

민법은 단독으로 유효한 법률행위를 행사할 수 있는 능력(행위능력)을 전제로 행위능력에 제한을 받는 자(제한능력자)를 명확히 하고 일정의 보호지원제도를 설정하고 있다.

제한능력자로 보는 대상은 미성년자(일본 민법 5조[8]) 및 성년후견제도 대상자(피성년후견인, 피보좌인, 피보조인)이며, 이들이 단독으로 행사한 법률행위는 행

• • •

5 일정 범위에 속한 불특정 채권, 예를 들면 지속적 거래 계약에 의해 발생하는 채권에 대해, 정해진 최고액 한도를 담보하기 위해서 설정된 저당권(민법 398조 2)을 가리킨다.

6 도쿄 지방재판소 판례 1998년 7월 30일, 『순간 금융 법무 사정』 1539호, 1999년, 79쪽.

7 도쿄 지방재판소 판례 1998년 10월 27일, 『순간 금융 법무 사정』 1545호, 1999년, 125쪽.

8 이하 '일본 민법'을 '민법'으로만 표기한다. (옮긴이)

위능력에 제한을 받는 범위에서 취소 대상이 된다. 따라서 고령자와의 거래 시에 판단능력에 의문이 든다면, 해당 고령자에 대해 성년후견제도가 개시되어 있는지 확인할 필요가 있다.

성년후견 대상자인지 아닌지는 후견등기제도로 증명이 되기 때문에 본인에게 '등기 사항 부존재 증명서' 혹은 '등기 사항 증명서'의 제시를 요구하여 확인할 수 있다. 또한 금융기관은 약관 등에 성년후견·보좌·보조가 개시된 경우에는 신고를 의무화하도록 대응하고 있다.

2 | 고령자의 인지기능 저하와 성년후견제도의 이용

1 성년후견제도의 개요

예전부터 민법에서는 금치산·한정치산제도가 존재했지만 이는 본인의 법률행위를 제한하고 재산을 보전하는 데 역점을 두었으며, 본인을 지원·보호하는 제도로는 부족했고, 실제 이용도 많지 않았다.

그런데 1999년에 민법 제도를 개정하면서, 임의후견계약법을 제정하고 2000년 4월부터 현재의 성년후견제도가 시작되었다. 인지기능이 저하된 고령자가 증가하는 가운데 성년후견제도는 고령자 권리 옹호에 이바지할 것으로 보이며, 이 제도를 이용함으로써 성년후견제도와 함께 개시되는 개호보험제도에서 계약체결능력이 결여된 고령자가 개호보험 서비스의 이용을 보장받을 수 있을 것이다.

성년후견제도를 이해하기 위해서는 우선 성년후견제도의 이념과 목적을 정리해보아야 한다. 성년후견제도의 기본 이념은 ① 정상화(Normalization: 장애 유무와 무관하게 일반인과 동일한 생활이 가능하다고 본다.), ② 본인 의사의 존중(자기결정권의 존중), ③ 잔존 능력의 활용(본인에게 남아 있는 능력을 충분히 활용하는 것)이다.

성년후견제도에는 민법상의 법정후견제도와 임의후견계약법에 따른 임의후견제도가 있다. 두 제도 모두 정신적 제약으로 사리변별능력(판단능력)이 부족한 사람이나 인지기능이 저하된 고령자가 이용할 수 있는 제도이지만, 법정후견제도는 판단능력 저하 수준에 따라 성년후견·보좌·보조의 세 유형으로 나뉜다.

법정후견제도의 경우 가정재판소에서 선임한 후견인을 통해서 지원이 이루어지지만 임의후견제도는 피후견인이 선택한 임의후견인을 통해 지원을 받게 되어있어, 본인 의사 존중에 부합한다는 점에서 임의후견이 법정후견에 우선한다고 본다(임의후견 계약법 10조). 또한 임의후견제도는 법정후견제도와는 달리, 본인의 행위능력 제한은 수반되지 않는다(제3절 참조).

❷ 법정후견제도의 개요 ─ 행위능력 제한의 범위와 후견인 등의 권한

인지기능의 저하로 고령자의 판단능력에 제약이 생겼을 때 그 정도가 다양하며 변동이 있을 수 있기 때문에 법정후견제도는 성년후견·보좌·보조의 세 유형으로 구분해서 지원하도록 되어 있다(제2장 제2절 참조). 특히 보조 유형에서는 종래의 금치산·한정치산제도에서는 대상에서 제외했던 경도 인지증 고령자를 지원 대상으로 했다.

피후견인의 보호를 위해서 일정 범위 내로 행위능력을 제한하는 법정후견제도의 이용에서, 본인 의사 존중과 잔존 능력 활용이라는 관점에서 과부족 없이 세 유형에 따른 지원이 이루어져야 하며 그러기 위해서는 각 유형의 내용과 특징을 이해해야 한다(도표6-1).

또한 피후견인의 정신적 제약에 대한 성년후견·보좌를 개시할 때도 원칙적으로 감정이 필요하지만(가사소송사건 절차법 119조 1항, 133조) 2015년 감정 실시율은 사건 전체의 약 9.6%에 지나지 않아 실무에서는 대부분 의사의 진단서에 근거해 판단하고 있다.

		후견	보좌	보조
요건	대상자	피성년후견인=사리 변별 능력(판단능력)이 결여된 사람 (민법 7조)	피보좌인=사리변별능력 (판단능력)이 현저하게 떨어지는 사람 (민법 11조)	피보조인=사리변별 능력 (판단능력)이 부족한 사람 (민법 15조)
보호기관	보호자	성년후견인 (민법 8조 · 843조)	보좌인 (민법 12조 · 876조 2)	보조인 (민법 16조 · 867조 7)
	감독인	성년후견감독인 (민법 849조)	보좌감독인 (민법 876조 3)	보조감독인 (민법 876조 8)
개시 절차	신청이 가능한 자	본인, 배우자, 사촌 이내의 친족, 검찰관 등(민법 7조, 11조, 15조) 시구정촌장(노인복지법 32조, 지적장애인 복지법 28조, 정신보건 및 정신장애인 복지에 관한 법률 51조 11의 2)		
	본인의 동의	불필요		필요
대리권	부여의 대상	재산에 관한 모든 법률행위 (민법 859조)	신청 범위 내에서 주어진 '특정 법률행위' (민법 876조 4①)	신청 범위 내에서 주어진 '특정 법률행위' (민법 876조 9①)
	본인의 동의	불필요	필요	
동의권	부여의 대상		민법13조 1항에 정한 행위, 신청 범위 내에서 정해진 법률행위	민법 13조 1항의 범위 내이며, 동시에 신청 범위 내에서 정해진 법률행위
	본인의 동의		불필요	필요
취소권	부여의 대상	피성년후견인이 일상생활에서 필요한 행위를 제외한 모든 법률행위	피보좌인이, 동의를 필요로 하는 행위에 대해 동의를 구하지 않고 행한 법률행위	피보조인이, 동의를 필요로 하는 행위에 대해 동의를 구하지 않고 행한 법률행위
	취소 권자	본인 · 성년후견인 (민법120조)	본인 · 보좌인 (민법 120조)	본인 · 보조인 (민법 120조)

(출처) 각종 자료를 참고해 필자 작성.

(1) 후견 유형(협의의 성년후견)[9]

■ 대상자 = 피성년후견인

'정신적인 제약으로 사리변별능력이 결여된 상태인 자'(민법 7조), 즉 판단능력이 거의 없는 사람이 대상이 되며, 심판에 따라 선임된 성년후견인에게 지원을 받게 된다. 피성년후견인은 행위능력에 가장 광범위한 제한을 받게 되며, 일상생활 관련 행위(생필품 구입 등)는 피성년후견인이 단독으로 행사할 수 있지만 그 외의 행위를 피성년후견인이 행사할 경우에는 취소의 대상이 된다(민법 9조).

■ 성년후견인

결격 사유(민법 847조)에 해당되지 않는 자라면 누구라도 될 수 있으며, 또한 법인(법무사 법인, 변호사 법인, 사회복지협의회 등)도 성년후견인이 될 수 있다. 예를 들어 피성년후견인의 신상 보호에 대해서는 친족후견인이, 자산관리에 대해서는 전문직후견인(변호사, 법무사 등)이 선임되도록 하는 등 직무 내용에 따라 복수의 성년후견인이 선임될 수도 있다.[10]

가정재판소에서 성년후견인을 선임할 때는, "피성년후견인의 심신 상태 및 생활 및 재산 상황, 성년후견인이 되는 자의 직업 및 경력에 피성년후견인과의 이해관계 유무(성년후견인이 되는 자가 법인일 때에는 그 사업 종류 및 내용 내지 그 법인 및 그 대리인과 피성년후견인과의 이해관계 유무), 피성년후견인의 의견 등 모든 사정을 고려해야 한다(민법 843조 4항)."라고 되어 있으며 적임자의 선임이 요구된다.

실제로는 성년후견 개시 신청서에 신청인 측에서 성년후견인 후보자명을 기

●●●

9 넓은 의미로 성년후견제도는 법정후견제도 및 임의후견제도를 포함한 의미로 사용된다.
10 도쿄 가정재판소 후견문제연구회 편저 『후견의 실무』(『별책 판례 타임스』 36호), 2013호, 44쪽 참조.

재할 수 있으며, 가정재판소는 기재된 후보자가 적임자라면 기재된 후보자를 성년후견인으로 선임한다. 적임자가 아니거나 혹은 기재되어 있지 않다면 변호사, 법무사, 사회복지사 등 전문직후견인을 선임하거나 혹은 가정재판소에 있는 후보자 명부(시민후견인 등)에 기초해 선임한다.

■ 성년후견인의 권한 · 직무

피성년후견인이 행위능력에 광범위한 제한을 받으므로, 성년후견인에게는 이를 보완하기 위해 가장 광범위한 권한이 있으며 피성년후견인을 대신해 모든 법률행위를 행사하는 대리권(포괄적 대리권) 및 일상생활에 필요한 행위를 제외한 피성년후견인의 행위에 대한 취소권(민법 9조, 120조 1항)을 가진다.

성년후견인의 직무는 피성년후견인을 위한 '재산 관리'와 '신상 보호'이며, 성년후견인으로서 직무를 처리할 때에는 피성년후견인의 의사를 존중해야 하며 신상에 대한 배려 의무가 있다(민법 858조). 또한 성년후견인이 피성년후견인의 대리인으로서 행동하는 데 위임 계약인 경우 수임인과 마찬가지로 선관주의 의무(민법 869조에 따른 644조의 준용)가 있으며 피성년후견인을 위해 행동해야만 하는 충실 의무(피성년후견인의 희생 아래 자신 혹은 제삼자의 이익을 꾀해서는 안 되는 의무)가 있다.[11]

〈재산 관리〉

성년후견인은 피성년후견인의 재산 전체를 파악하고 포괄적 대리권을 바탕으로 피성년후견인의 재산을 보존하고 이용한다. 단, 성년후견인에 의한 재산 관리에는 일정의 제한이 있으며 우선 피성년후견인의 거주용 부동산의 처분(건물 · 부지의 매각 · 임대 · 저당권 설정, 거주 아파트 등의 임대차 계약의 해약)에 대해

• • •

11 전게주 10의 72쪽.

서는 거주환경 변화가 피성년후견인에게 주는 영향을 고려해 사전에 가정재판소의 허가를 받아야 한다(민법 859조 3).

가정재판소는 허가 신청 내용인 처분의 구체적 필요성·당위성〔처분 동기에는 시설 입소 자금 조달, 입원·치료비 마련, 역모기지(Reverse Mortgage)[12]의 이용 등을 생각할 수 있다.〕을 숙고한 뒤에 허가 여부를 결정하게 된다. 또한 이해상반 행위(예를 들어 성년후견인이 자신의 사업을 위해 은행에서 융자를 받을 때, 피성년후견인을 대리해서 피성년후견인이 소유한 부동산에 저당권을 설정하는 행위 등)에 대해서는 성년후견인이 임의로 대리 행위를 행사할 수 없으며 가정재판소에 특별대리인 선임을 청구해야 한다(민법 860조).

포괄적 대리권을 가진 성년후견인에 의한 재산 관리에 보존 행위, 이용·개량 행위가 포함되어(민법 103조) 있는 것은 분명하나, 그 이상으로 재산 가치 감소나 권리 손실을 초래할 우려가 있는 행위(처분 행위)가 포함되는지에 대한 사무 처리는 한정적으로 해석하는 경향이 있다.[13]

금융거래와 관련해 성년후견인은 피성년후견인의 자금을 관리하기 위해서 피성년후견인 명의의 예금계좌를 개설할 수 있으며 또한 예금계좌에서 피성년후견인에게 필요한 비용을 지불하기 위해 자금을 인출할 수 있다. 필요성 면에서도 본인의 의사와 본인 신상에 대한 배려에 기초해 판단한다.

따라서 공공요금처럼 일상생활에 필요한 경비뿐만 아니라, 예를 들어 후견인의 손자 축하비 증여나 후견인의 여행 경비와 같은 유흥비 지출도 필요성이 인

• • •

12 거주용 부동산을 소유하고 있지만 현금 수입이 적은 고령자가 거주용 부동산을 담보로 생활비를 조달하기 위한 제도로 고안되었다. 역모기지는 소유한 부동산에 담보권을 설정해서 금융기관 등(지방자치단체에 의한 대처도 있다)과 체결한 지속적인 금전 소비 임대 계약에 기초해 매달 생활 자금을 융자받고, 자금을 빌린 사람이 사망한 경우에는 담보로 설정한 부동산을 처분해 변제하는 융자 형태를 말한다. (가타오카 다케시·가네이 시게마사·구사베 야스시·가와바타 고이치 『가정재판소의 성년후견·자산 관리 실무(제2판)』, 니혼카죠출판, 2014년, 60쪽.)

13 엔도 에이시 『새로운 지역후견인제도』, 니혼카죠출판, 2015, 77쪽.

정된다. 또한 금융상품 가입에 대해서도 성년후견인에게는 피성년후견인의 자산을 적극적으로 운용하거나 자산을 증식할 의무는 없으며 원금 보장이 없는 리스크 상품의 자산운용은 선관주의 의무에 위배된다고 볼 수 있다.[14]

〈신상 보호〉

성년후견인은 피성년후견인의 생활, 요양 간호에 관한 사무(신상 보호)를 행한다(민법 858조). 예컨대 인지기능이 현저하게 저하되어 피성년후견인이 된 고령자는 건강 상태와 일상생활 유지에 있어서 타인의 돌봄·케어가 필요한 경우가 많지만, 성년후견인의 직무는 피성년후견인에 대한 사실 행위로서 돌봄(개호 등)이 아니라 피성년후견인의 생활과 신체 상황을 파악하고, 생활 유지와 개호, 의료 등 신상 보호에 관한 계약(법률행위)을 이행하는 것이다.

예를 들어 개호보험 서비스를 받기 위한 개호보험 인정 신청과 개호 서비스를 받기 위한 계약 체결, 일용품 구입과 개호용품 대여 계약 등 본인의 상황에 따른 여러 행위가 포함되어 있다. 또한 주택의 배리어프리(Barrier-Free) 공사와 안전손잡이 설치 등, 재산 관리와 신상 보호가 관련된 행위도 있다.

〈2016년 민법 개정에 따른 권한 확장〉

성년후견인이 피성년후견인의 재산 관리와 신상 보호를 처리하기 위해서는 피성년후견인 앞으로 온 다양한 우편물 등을 파악해야 한다. 그러나 피성년후견인 앞으로 온 우편물을 타인이 수령해 개봉하는 일은 본인 '통신의 비밀'(일본 헌법 21조 2항)을 침해할 우려가 있어 계속 대응에 고심해왔다.[15]

이러한 문제에 따라 2016년 4월 13일 민법 개정이 이루어졌으며, 성년후견

• • •

14 전게주 10의 83쪽, 전게주 12의 52쪽, 전게주 13의 239쪽.

15 마쓰카와 다다키 편 『성년후견에서의 의사 탐구와 일상 사무』 니혼카죠출판, 2016, 79쪽.

인의 우편물 등 관리에 대한 가정재판소의 결정으로 우편물을 보내는 측의 업자에게 해당 물품을 성년후견인에게 배달한다는 취지를 촉탁할 수 있도록 하는 규정(860조의 2) 및 성년후견인이 수령한 우편물을 개봉·열람할 수 있도록 하는 규정(860조의 3)이 정해졌다.

피성년후견인이 사망하게 되면 성년후견은 종료되고 성년후견인의 직무·권한도 종료되지만, 피성년후견인이 친족 등 의지할 사람이 없는 고령자인 경우에는 피성년후견인의 사후에 생전의 입원·치료비 지불, 시신 인도 및 장례 준비 등의 처리를 성년후견인에게 요구하게 된다. 피성년후견인이 생전에 본인의 사후 사무 처리에 대해 의사 표시를 하지 않은 경우, 종래에는 성년후견인이 어디까지 사후 사무 처리를 할 수 있는지 분명하지 않았다. 따라서 민법이 개정되면서 가정재판소의 허가에 따라 성년후견인에게 일정 범위의 사후 사무 권한이 인정되었다(민법 873조의 2).

(2) 보좌 유형

■ 대상자 = 피보좌인

정신적인 제약으로 사리변별능력(판단능력)이 현저하게 저하되어(민법 11조) 생필품 구매 정도는 혼자서 할 수 있지만 중요한 사무 처리[부동산·자동차의 매매와 자택의 증개축, 금전 거래(대차)]를 혼자서 할 수 있는 수준의 판단능력은 없는 사람, 즉 중등도 인지증 고령자가 대상이 되며, 가정재판소에 의해 보좌인이 선임된다.

피보좌인은 일정 범위에서 단독 행위에 제한을 받으며 보좌인의 동의를 얻어야만 한다. 보좌인의 동의를 얻어야만 하는 법률 행위는 민법 13조 1항에서 규정한 중요 행위인 '원금을 영수 또는 이용'하는 것이며 은행예금 인출(일상생활에 관한 경우 이외), 이자가 붙는 자금의 대출, '빚 또는 보증'으로 은행에서 차입을 하거나 타인의 채무 보증인이 되는 것 등이며 필요에 따라서는 동의가 필요한 행위의 범위 확장을 가정재판소에 신청할 수 있다. 보좌인의 동의를 얻지 못한 행위 또는 허가를 얻지 못한 행위의 결과는 취소할 수 있다(민법 13조 4항).

■ 보좌인의 권한

피보좌인의 능력 제한은 일정 범위에 그치기 때문에 보좌인의 권한과 직무는 성년후견인에 비하면 협소하다. 보좌인은 피보좌인의 중요 행위에 대한 동의권과 취소권을 가진다. 그러나 보좌인의 동의를 얻어야 하는 행위라 하더라도 동의를 얻고 나면 피보좌인 자신이 법률행위를 행사할 수 있기 때문에 성년후견인과는 달리 보좌인에게는 당연히 피보좌인을 대리할 권한이 인정되지 않는다.

따라서 본인 보호의 필요성과 본인의 자기결정권을 존중하고, 본인 신청에 기초해(혹은 본인의 동의를 얻어) 보좌인에게 일정 범위의 대리권을 부여할 수 있다고 보았다(민법 876조의 4). 대리권의 대상이 되는 법률행위는 재산 관리 및 신상 보호에 관한 행위이며 보좌인이 대리 행위를 할 경우에는 성년후견인의 대리권과 마찬가지로 제한을 받는다. 선관주의 의무·충실 의무가 있다(민법 876조의 2, 876조의 5).

(3) 보조 유형

■ 대상자 = 피보조인

정신적인 제약으로 사리변별능력(판단능력)이 부족하지만 성년후견·보좌 대상 수준은 아닌 사람, 예컨대 생필품 구매 정도에는 무리가 없지만 중요한 재산상의 법률행위는 혼자서 적절히 처리할 판단능력이 없으며 항상 타인의 지원을 받아야 할 사람이며, 경도 인지증 또는 인지증 초기 단계의 고령자가 대상이 된다. 보조제도는 개시 및 지원 내용(동의권·대리권)에 대해 본인의 자기결정권이 전제되며 소위 본인에 의한 주문제작형 지원 체제가 된다.

보조 개시 심판을 하려면 본인의 동의가 필요하며(민법 15조 2항), 본인의 판단능력이 부족한 상태라 하더라도 본인 이외 사람에 의한 보조 개시 심판 신청은 본인의 동의가 없다면 인정되지 않는다.[16] 또한 피보조인은 전형적인 행위능력에 제한을 받는 것이 아니라 보조인의 동의가 필요한 행위에만 행위능력이 제한되므로, 보조인의 동의권 범위의 결정에도 본인의 동의가 필요하다(민법 17조 2항).

■ 보조인의 권한

보조인의 권한·직무 내용은 일률적으로 결정되는 것이 아니라 보조 개시심판을 할 때, 본인(피보조인)의 구체적인 필요성에 따라, 그리고 본인의 신청에 기초해 보조인의 동의권 범위를 정하게 된다. 또한 피보조인의 판단능력 부족 수준은 피보좌인보다 경도이기 때문에 동의를 필요로 하는 행위의 범위는 보좌에 관한 민법 13조 1항에서 규정하는 중요 행위 범위 내에서 결정된다. 예컨대 부동산 매매 및 임대차 계약, 금전 소비, 대출 계약, 보증 계약, 또는 일회성 거래 등에 금액 한도(예를 들어 10만 엔)를 정하고, 이를 통신 판매 거래 등에도 적용시킬 수 있다. 또한 보조인은 취소권을 가진다.

보조인은 저절로 피보조인의 대리권을 가지는 것이 아니라, 피보조인이 정한 범위에서 대리권이 부여된다. 동의권과 대리권은 둘 중 하나나 혹은 둘 다를 보조인에게 부여할 수 있다. 보조 개시 심판 때에는 동의권과 대리권 중 무언가는 보조인에게 부여해야 한다.

신설된 보조제도는 본인 의사를 가장 많이 존중하고 본인의 요구에 맞는 지원을 제공할 것으로 기대되었다. 그러나 실제로는 세 유형 중에서 가장 이용이 부진해, 판단능력이 부족한 경도 인지장애와 인지증 초기 고령자를 보호하는 역할을 하지 못하고 있다.

판단능력이 저하된 본인(가족 포함)에게 제도를 이용하는 필요성과 장점을

• • •

16 삿포로고등재판소 2001년 5월 30일, 『가정재판 월보』 53권 11호, 112쪽.

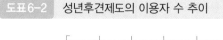

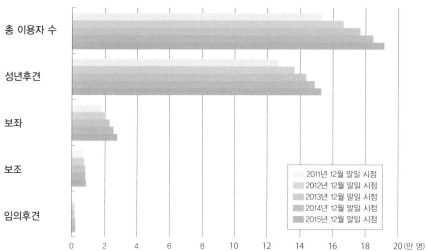

도표6-2의 성년후견제도의 이용자 수 추이

총 이용자 수										
성년후견										
보좌										
보조										
임의후견										

범례:
2011년 12월 말일 시점
2012년 12월 말일 시점
2013년 12월 말일 시점
2014년 12월 말일 시점
2015년 12월 말일 시점

가로축: 0 2 4 6 8 10 12 14 16 18 20 (만 명)

(출처) 최고재판소 사무총국 가정국「성년후견 관계 사건의 개황(2015년 1~12월)」

이해할 수 있도록 설명하고, 본인이 직접 주문 제작하는 동의권·대리권의 범위 설정을 몇 가지 조합해서 제시하는 형태의 조언 지원 체제가 필요하다.

❸ 성년후견제도의 이용 실정

(1) 성년후견제도 이용자 수

2015년 말 현재 성년후견제도(임의후견제도를 포함)의 지원을 받는 이용자 수는 19만 1,335명이다(도표6-2). 도표6-2에서 볼 수 있듯이 성년후견의 이용이 압도적이며 약 80%를 차지한다. 임의후견의 이용은 1%에 지나지 않는다. 성년후견제도 전체에서 이용 편중이 보이며 판단능력 저하가 현저한 고도 인지증 단계가 되고 나서야 성년후견제도 이용을 개시하는 경향이 강하다.

■ 신청 건수와 용인 건수

2015년 한 해의 성년후견제도 신청 건수는 총 3만 4,782건(전년 대비 약

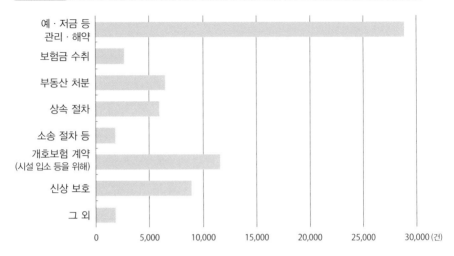

도표6-3   성년후견제도의 주요 신청 동기별 건수

예·저금 등
관리·해약

보험금 수취

부동산 처분

상속 절차

소송 절차 등

개호보험 계약
(시설 입소 등을 위해)

신상 보호

그 외

0   5,000   10,000   15,000   20,000   25,000   30,000 (건)

(출처) 최고재판소 사무총국 가정국 「성년후견 관계 사건의 개황(2015년 1~12월)」

1.2% 증가)이며, 성년후견 개시 심판 신청은 2만 7,521건(전년 대비 약 0.02% 증가), 보좌 개시 심판 신청은 5,085건(전년 대비 약 5.8% 증가), 보조 개시 심판 신청은 1,360건(전년 대비 약 3.5% 증가)이다.

임의후견감독인 선임 심판 신청 건수는 816건으로 많지 않으며, 지난해보다 10.6% 증가해 약간 늘어났다. 임의후견감독인 선임 심판 신청은 인정되는 비율(용인율)이 비교적 높은 편(95.3%)이어서, 그 결과 2015년에 개시된 성년후견 전체 3만 2,861건 중에서 성년후견 개시는 2만 6,146건, 보좌 개시는 4,786건, 보조 개시는 1,251건, 임의후견 개시(임의후견감독인 선임)는 678건이었다.

■ 신청인과 신청 동기

후견인을 신청하는 신청인에는 본인의 자녀가 차지하는 비율이 가장 많아 전체(중복 등의 조정 후 3만 4,623건)의 약 30.2%를 차지하며 이어서 시구정촌

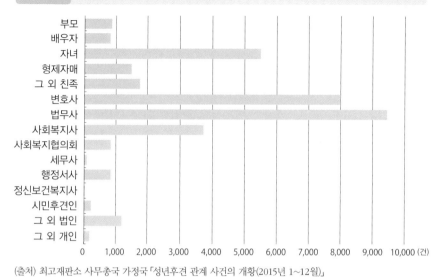

도표6-4 성년후견인과 본인의 관계별 건수

(출처) 최고재판소 사무총국 가정국 「성년후견 관계 사건의 개황(2015년 1~12월)」

(市区町村)의 지자체장이 약 17.3%, 본인의 형제자매가 약 13.7%로 그 뒤를 잇는다. 최근에는 시구정촌 지자체장의 후견인 신청이 증가하고 있으며(전년 대비 약 7.2% 증가), 친족이 없는 인지증 고령자(또는 친족에게 학대를 받은 고령자)의 경우에도 친족의 후견인 신청을 기대할 수 없으므로, 행정기관이 지원을 필요로 하는 사람을 발견하게 되면 후견인 신청을 하도록 되어 있다.

후견인 신청 동기(도표6-3)의 대부분이 재산 관리와 관련되어 있으며, 그중에서도 금융기관에서 예금의 관리와 해약이 가장 많았다. 개호보험 계약(시설 입소 등을 위해)이 그 뒤를 이었다. 성년후견에 이용이 편중되어 있다는 점을 생각해보면, 판단능력 저하가 현저해지면서 혼자서 금융거래가 곤란한 상황에 이르게 되면 성년후견제도의 이용을 검토하게 된다.

■ 성년후견의 담당자(법정후견인과 본인의 관계)
성년후견인·보좌인 및 보조인과 같은 법정후견인에 선임된 사람과 본인의 관계를 보면 도표 6-4에서처럼 친족(배우자, 자녀, 형제자매 등)이 법정후견인으로 선임되는 비율은 약 29.9%에 불과하며 최근 감소 경향이 이어지고 있다. 이에 비해 친족 이외 제삼자가 성년후견인에 선임되는 비율은 약 70.1%이며, 구체적으로는 법무사, 변호사, 사회복지사 순이다. 이들은 전문 자격을 기준으로 선임된 전문직후견인이라고 한다.

전문직후견인이 선임될 때에는 전문성과 중립성이 요구되는 상황이거나, 친족후견인으로는 적절히 후견 사무가 이루어지지 않을 위험성(본인 재산을 이용하거나 전용할 위험성 등)이 있는 상황도 있다. 구체적으로 친족 간에 본인의 재산 관리를 둘러싼 분쟁이 있는 경우나 제삼자와 재산 분쟁 문제(또는 그 가능성)가 있는 경우, 재산 상황에 따라 재산 관리가 복잡한 경우(사업 수입이 있는 경우), 일정의 재산 관리능력이 필요한 경우(유동 자산이 많은 경우) 등을 예로 들 수 있다.[17] 단 앞 항의 신청 동기에서도 살펴봤듯이, 성년후견을 이용하는 이유가 재산 관리인 경우가 많기 때문에, 본인에게 일정의 재산이 있는 경우에는 친족에 의한 재산의 부정 전용을 우려하여 가정재판소에서 친족후견인의 선임에 엄격하다는 사실도 지적하고 있다.[18]

3 | 고령자의 자기결정권과 임의후견제도

1 임의후견제도란

(1) 임의후견제도의 개요 — 임의후견 계약

* * *

17 전게주 10의 41쪽.

18 전게주 13의 17쪽.

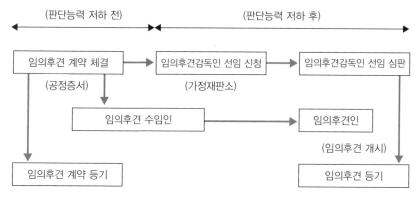

(출처) 필자 작성.

　임의후견제도는 본인의 판단능력이 존재하는 동안[19]에, 자신이 정신적인 제약으로 사리변별능력을 잃게 될 때를 대비해서 후견 사무(재산 관리, 신상 보호)를 위임할 상대(임의후견인)를 골라 수임인(受任人: 법률행위를 위탁받은 사람)으로 공정증서에 임의후견 계약 체결을 작성하는 것이다. 본인의 판단능력이 떨어졌을 때 가정재판소에서 임의후견감독인 심판을 신청하여 임의후견감독인이 선임되면 선임 후견 계약의 효력이 발생(임의후견 개시)한다.

　임의후견 계약은 본인과 수임인인 임의후견인 사이의 위임 계약이며 임의후견인에게는 본인을 위해 임의후견 계약에서 정해진 범위의 대리권이 인정되지만, 법정후견과는 다르게 본인의 행위가 제한되지 않기 때문에 임의후견인에게는 본인 행위에 대한 동의권이 없다(따라서 취소권도 없다.). 본인에게 법률행위의 자유가 남아 있으며 의사능력이 결여되었을 때에만 사후적으로 법률행위의 취소가 문제가 된다.

• • •

19 임의후견 계약 체결 시에 본인의 의사능력 유무는 쟁점 사안이 되며, 임의후견 계약 취소가 인정된 사례가 있다(도쿄 지방재판소 2006년 7월 6일, 『판례 시보』 1965호, 2007년, 75쪽.).

(2) 임의후견과 법정후견의 관계

성년후견제도의 이념을 가장 잘 실현하는 제도로서 본인 의사 존중과 잔존 능력을 활용할 수 있으며 행위능력이 제한되지 않는 임의후견제도는 법정후견 제도(성년후견, 보좌, 보조)보다 우선한다는 원칙이 정해져 있다. 임의후견 계약이 존재하는 경우에는 법정후견과 양립하지 않는다. 이런 점에서 임의후견 계약이 체결·등기된 경우에는 법정후견 개시 심판을 신청해도 인정되지 않는다(신청 각하, 임의후견 10조). 법정후견이 개시된 후에 임의후견 계약에 따라 임의후견감독인 선임 신청이 있어도, 임의후견이 우선되며 법정후견 개시 심판은 취소된다(임의후견 4조 2항).

단, 전자의 경우 '본인의 이익을 위해 특별히 필요한 경우', 예컨대 임의후견인의 계약상 권한이 본인을 보호하는 데 충분하지 못하거나, 계약 내용이 부당(보수가 고액인 경우 등)하거나, 수임인으로서 부적격한 경우에는 법정후견의 개시가 인정된다(임의후견 10조 1항). 후자의 경우에도 '법정후견의 지속이 본인의 이익을 위해서 특히 필요한 경우'에는 임의후견감독인을 선임하지 않으며 임의후견은 개시되지 않는다(임의후견 4조 1항 2호).

(3) 임의후견제도의 구조 — 임의후견 계약 체결과 임의후견 개시의 관계

임의후견 계약은 일종의 위임 계약이지만, 계약 체결 시부터 수임인에게 대리권이 발생하는 것은 아니다. 실제로 임의후견이 개시되고 수임인이 임의후견인으로서 대리 행위를 하게 되는 것은 본인의 판단능력이 저하되어 보호가 필요한 단계에 이르러서이다.

따라서 본인 보호와 배려 차원에서 임의후견 계약은 공증인에 의해 작성되는 공정 증서에 의해서만 체결되며(임의후견 계약 등기에 따라 임의후견 계약의 존재와 내용이 공시된다.), 또한 임의후견인을 감독하는 임의후견감독인을 가정재판소에서 선임하면서 임의후견이 개시된다(임의후견감독인 선임 등기에 따라 임의후견 개시도 공시된다.).

2 임의후견제도의 이용 실정 및 과제

(1) 임의후견제도의 이용

임의후견제도는 본인의 자기결정권을 최대한 존중하며 법정후견제도에 우선하지만, 이용에 아직 진전은 없다. 임의후견 계약 체결은 서서히 증가하고는 있지만 임의후견 계약 등록 건수를 보면 2000년 4월에 제도가 개시된 이래로 2015년 12월까지의 누적 건수는 9만 6,790건이다.[20] 한편 2015년 12월 말까지 임의후견 실제 이용 건수(임의후견이 개시된 건수)는 2,245건에 불과하다(도표 6-2).

임의후견 계약이 체결되어도 바로 계약이 발효되지 않는 이유는, 임의후견 제도 자체가 장래를 대비해 상정한 제도이기 때문이다. 그러나 본인에게 판단능력 저하가 보여도 임의후견 개시(임의후견감독인 선임) 절차[21]를 밟지 못하고 임의후견제도 이용 시기를 놓쳐 본인의 자기결정권이 존중되지 못하는 결과를 초래하는 경우도 존재한다.[22]

(2) 임의후견 계약 체결의 유형과 문제점 ― 즉효형, 장래형, 이행형

임의후견 계약에는 본인이 향후 판단능력이 저하될 때를 대비해서 이용하는 '장래형' 계약 외에도 '즉효형'과 '이행형'이라는 세 종류의 이용 형태가 있다.

'즉효형'은 판단능력은 저하되었지만 계약체결능력(의사능력)은 잃어버리지 않은 단계이며, 보조제도를 선택하지 않고 임의후견 계약을 체결한 후 바로 가정재판소에 임의후견감독인 선임 신청을 하면 임의후견 개시로 이어진다.

임의후견 계약 내용 중에 임의후견 계약 등기 후에 바로 임의후견인 선임

- - -

20 법무성 「등기 통계 통계표」(http://www.moj.go.jp/housei/toukei/toukei_ichiran_touki.html) 참조.

21 신청인에는 본인, 배우자, 4촌 내의 친족, 임의후견 수임인이 포함되며, 본인 이외 신청인 경우에는 본인의 동의가 필요하다(임의후견 4조 1항 3항).

22 체결된 임의후견 계약이 활용되지 못하는 이유는 전게주 13의 58쪽 이하에서 지적했다.

절차를 밟는다는 취지의 조항을 넣기도 한다. 단, 본인의 판단능력이 저하되면서 의사능력 유무가 불확실한 경우 분쟁의 소지가 있어 '즉효형'의 이용은 미미한 실정이다.

'이행형'은 장래에 판단능력이 저하될 것을 대비해 임의후견 계약을 체결할 때 수임인과 재산 관리와 신상 보호에 대해 즉시 효력을 가진 사무 위임 계약도 함께 체결하는 것이다.

판단능력이 저하되지 않는다 하더라도 고령자는 질병과 노화 등으로 신체능력이 떨어져 자기 힘으로 사무를 처리하는 데 불안과 곤란을 느끼게 되므로 제삼자에게 사무 처리를 위임하면 본인도 안심할 수 있다. 따라서 향후 임의후견인이 되어줄 사람과 사전에 재산 관리 등 위임 계약을 체결하고, 판단능력이 저하되고 난 후에 임의후견감독인을 선임해서 임의후견인이 되는 임의후견 계약을 체결하는 경우가 많다.

'이행형'은 원칙적으로 위임 계약이 본인의 의사능력 상실로 종료되지 않으며, 수임인 측에서 임의 후견 개시 절차를 밟을 인센티브 작용이 어렵다. 이것이 임의후견제도가 활용되지 않는 하나의 원인[23]으로 보는, '이행형'에 대한 소극적 견해도 있다. 단 본인의 요구에 꼼꼼하고 실정에 맞는 즉각적인 대응을 하는 긍정적인 면도 있다.

'장래형'은 임의후견제도의 취지에서 원칙 형태로 보이지만, 실제로 본인의 판단능력이 저하되었을 때 신속하게 임의후견제도를 개시하기 위한 절차를 밟아야 한다. 그러기 위해서는 임의후견 계약 수임인이 평소에 본인의 상황을 파악하고 본인에게 지킴이(미마모리) 서비스의 이용을 권장하는 등, 향후 임의후견을 개시하기 위한 '연결 서비스'가 필요하다.

• • •

23 아카누마 야스히로 「일본 성년후견제도의 개요와 특성」 신 아시아 가족법 삼국회의 편 「성년후견제도」 니혼카죠출판, 2014년, 34쪽.

성년후견제도의 과제

1 성년후견제도의 활용

성년후견제도의 이용자 수는 서서히 증가하고 있지만(2015년 말 시점 19만 1,335명) 제도를 이용할 것이라고 상정했던 인지증 고령자 수(후생노동성 2012년 추계 462만 명)에 비하면, 성년후견제도가 판단능력이 저하된 고령자의 법률행위(재산 관리·신상 보호)를 충분히 지원하고 있다고 볼 수 없다.

성년후견제도의 운용에는 다양한 비용(후견인 등의 보수 지불, 가정재판소의 부담, 행정·민간에 의한 지출)이 필요하지만, 고령자의 의사능력을 둘러싼 분쟁 사례에서도 볼 수 있듯이 고령자의 권리 옹호라는 관점에서 성년후견제도의 활용을 권장하는 방안이 검토되어야 한다.

성년후견제도 이용에 충분한 진전이 없는 원인에는 제도 내재적인 문제(법제도의 미비)와 제도 운용(지원제도를 포함)의 문제를 들 수 있으며 지금까지 제언과 개선이 이루어져 왔다.[24] 이용이 적은 보조 유형과 임의후견제도는 본인 의사 존중이라는 이념에 가장 충실한 제도로서 도입되었으며, 이 제도의 이용을 강화하는 방향의 법 개정(예를 들어 신청하는 데 본인의 동의가 필요하지 않거나, 임의후견감독인 선임 신청을 의무화)은 곤란하다. 제도 활용이라는 관점에서 좀 더 중요한 사항은 지원 체제의 충실 및 제도 운용의 개선이다.

2 성년후견제도 지원자와 지원 체제

성년후견제도와 함께 보조를 맞춰가야 하는 개호보험, 그중에서도 개호 현장에서 활동하는 케어 매니저(Care Manager: 개호 전문 요원)와, 인지증 고령

• • •

24 아라이 마코토·아카누마 야스히로·오누키 마사오 편 『성년후견 법제의 전망』 니혼효론샤, 2011년.

자를 진찰하는 의사에게도 성년후견제도에 대한 정보는 제대로 전달되어 있지 않다. 따라서 2016년 4월에 성립된 후견제도 이용촉진법에도 포함되어 있듯이, 고령자가 생활하는 지역을 거점으로 '성년후견 시행기관(성년후견센터)' 설치와 활동에 대한 지원책이 필요하다.[25]

성년후견제도 이용을 늘리기 위해서는 성년후견인 등의 지원자가 다수 필요하다. 현 상황은 친족후견인의 선임이 줄어들고 전문직후견인의 선임이 70%를 넘어서는 추세이지만, 지원자로 나서는 전문직후견인의 인적 자원이 한계에 달한 실정이다. 성년후견센터 등에서 일반 시민 중에서 지원자(시민후견인)를 양성하는 대책 마련에 들어갔지만 수요를 충당할 수 있을지는 미지수이다.

가정재판소의 친족후견인 선임이 감소한 데는 적임자가 없다는 이유도 있지만, 친족에 의한 후견제도의 악용을 우려한 대응이다. 비록 가족 간에 '애정과 재산을 어떻게 분리해서 볼 것인가'의 문제가 남아 있기는 하지만 '본인 의사 존중'과 신상 보호 및 후견 사무를 처리한다는 취지에서, 제삼자보다 본인과 가까운 친족이 적임자라고 할 수 있다. 실제로도 인지증 고령자와 가까운 친족의 이해를 구하지 않고서 제삼자가 후견 사무를 적절히 처리하기란 어려운 일이다.[26]

이러한 상황을 생각할 때, 앞으로 친족 역시 적정한 후견 사무를 처리할 수 있는 후견인 지원자의 하나로 지정하는 대책 마련이 필요하다. 후견제도 지원신탁[27] 창설도 하나의 방법이겠지만, 성년후견센터 활동에 친족후견인의 지원을 포함시키는 방법도 장기적인 관점에서 생각해보는 등 광범위한 대책 마련이

• • •

25 전게주 13의 3쪽.

26 전게주 13의 19쪽.

27 최고재판소 사무총국 가정국 「후견제도 지원신탁의 이용 상황 등에 대해」 (http://www.courts.go.jp/vcms_lf/20160518sintakugaikyou_h27.pdf) 참조.

필요하다.

(이누부시 유코)

제7장

고령자의 이상적인 자산관리 방법을 생각하다

노화로 인지기능이 저하되면서 가장 먼저 쇠퇴하는 기능 중 하나가 금융거래에 관련된 능력이다. 예금의 입출금, 증권투자, 보험가입 등 금융거래에도 여러 종류가 있지만, 모든 거래는 당사자가 합리적인 판단을 한다는 전제하에 이루어진다. 합리적인 판단이 불가능한 경우에는 제6장에서 설명한 성년후견제도를 이용하게 된다. 이때 어려운 점은 성년후견제도를 이용하기까지 고령자와 가족에게 어떠한 금융 서비스를 제공하는 것이 최선인가에 관한 문제이다.

이번 장에서는 고령자의 자산관리에 관한 과제를 정리한다. 논의를 전개하는 데 있어, 일상적인 금전거래보다 중·장기적인 대책과 복잡한 금융자산의 운용 및 관리에 초점을 맞춘다. 해당 분야에서 논의가 한 발 앞선 미국의 동향을 참조해 향후 필요한 대처를 고찰하고자 한다.

1 | 고령자에게 편중된 일본의 금융자산

우선 고령자의 금융자산 보유 상황을 확인한다.

일본의 가계 금융자산은 2016년 9월 시점에 1,752조 엔이었다. 그 절반 이상인 52%가 현금과 예금이며 30%가 보험상품, 15%가 주식과 투자신탁과 같은 유가증권이었다.

금융자산의 연령대별 분포를 보면 도표 7-1 왼쪽 원그래프에서처럼 60세 이상이 저축의 60% 이상을 보유한다. 인구 분포에서 60세 이상은 전체의 약 30%를 차지하므로, 금융자산 보유가 고령자에 편중되어 있다는 사실을 알 수 있다. 가장 장기간에 걸쳐 자산을 형성한 만큼 노년 세대가 젊은 세대보다 고액의 자산을 보유한 것은 자연스러운 일이다.

유가증권만 보면 60세 이상이 70% 이상을 보유하고 있다(도표 7-1 오른쪽 원그래프). 즉 전체 금융자산보다 편중이 심하다. 이는 젊은 세대에 비해 노년

(출처) 총무성 「2014년 전국 소비 실태 조사」를 토대로 노무라 자본시장연구소 작성.

세대가 보유한 금융자산에서 유가증권이 차지하는 비율이 높음을 의미한다. 실제로 30대는 자산의 40%가 보통예금 등 유동성이 높은 자산이며 유가증권은 7%에 지나지 않지만 60대가 되면 유동성 자산이 20%, 유가증권이 15%로 각각 반감·배증된다.[1]

증권투자는 일반적으로 투자 가능 기간이 긴 젊은 세대가 가격이 떨어져도 회복할 수 있는 시간 여유를 길게 가지고 있기 때문에 가격 변동을 동반한 자산에 쉽게 투자할 것으로 생각했지만, 실태는 달랐다. 오히려 목돈 투자에 눈길을 돌리게 되는 시기는 육아와 주택 마련과 같은 생활 사건(Life Event)이 일단락된 인생 후반인지도 모른다.

증권회사 자율 규제 기관인 일본증권업협회에서 매년 실시하는 개인 투자자 의식 조사에서도 60세 이상이 응답자의 56%를 차지(2016년 조사)하는 등, 고령 투자자의 존재감이 크다. 이런 현상은 평소에는 인식하지 못할 테지만, 고령자의 자산관리를 생각할 때 염두에 둘 필요가 있다.

• • •

1 총무성 통계국 「2014년 전국 소비 실태 조사」 (http://www.stat.go.jp/data/zensho/2014/).

금융거래에서 '고령자 보호'의 어려움

고령자의 금융거래에 대해 우선해서 대처해야 하는 일은, 고령자를 어떻게 '부적절한 거래'에서 보호할 것인지의 문제이다. 소위 보이스피싱을 비롯한 '특수사기'를 미연에 방지하는 일이 여기에 해당된다. 실제로 특수사기 피해자에는 고령자가 압도적으로 많다. 연령별 피해 상황을 보면 보이스피싱 사기 피해자의 82%가 60세 이상이었으며, 미공개 주식판매 권유 등을 비롯한 금융상품 거래 명목 사기 피해자의 93%가 60세 이상이었다(2015년).[2] 이러한 피해를 방지하기 위해 경찰을 중심으로 가족과 금융기관이 연계한 대책이 추진 중이다.

사기처럼 극단적인 상황을 제외하면 고령자에게 '부적절한' 거래가 무엇인지를 구분하기란 쉽지 않다. 보통 노화와 함께 기억력과 이해력이 저하된다고 해도 고령 투자자가 투자하고자 하는 금융거래를 위험성이 있다는 이유로 타인이 투자하지 못하게 한다는 것은 개인이 자신의 자산을 자유롭게 사용할 권리를 제한하는 일이 되기 때문이다.

그런 가운데 일본 증권업계는 2013년, 고령자 증권거래에 대한 새로운 규제를 도입했다. 증권회사에서 고령 고객에게 금융상품을 판매 목적으로 권유할 때에는 일본증권업협회에서 규정한 규칙 및 가이드라인에 따라 여타 상황보다 신중을 기하도록 요구한 규제이다.

일본증권업협회 규칙 및 가이드라인에서는 증권회사에 고령 고객에 대한 업계 규칙을 제정하고 고령 고객에 관한 정의, 권유 유의 상품 선정, 권유 절차, 약정 후 연락, 모니터링 등을 실시할 것을 요구했다(도표7-2).

일본증권업협회의 규칙 및 가이드라인에 따르면, 고령 고객은 75세 이상이

• • •

2 경찰청 「2015년 특수사기 인지·검거 상황 등에 대해(확정치판)」 (https://www.npa.go.jp./sousa/souni/ hurikomesagi_toukei2015.pdf).

도표7-2	고령 투자자 거래 권유에 관한 가이드라인(개요)
(1) 업계 규칙 제정	협회원이 고령 고객에게 유가증권 등을 권유해서 판매할 때에는 해당 협회원의 업태, 규모, 고객 분포 및 고객 속성, 사회 정세나 그 외 조건 등을 고려해서 고령 고객을 정의하고, 판매 대상이 되는 유가증권의 설명 방법, 수주 방법 등에 관한 업계 규칙을 정하고, 적정한 투자 권유를 위해 노력해야 한다. (「협회원의 투자 권유, 고객 관리 등에 관한 규칙」 제5조의 3)
(2) 고령 고객의 정의	75세 이상을 기준으로 고령 고객을 정의 80세 이상을 기준으로 신중한 판매 권유가 필요한 고객을 정의 사정에 따라 담당 관리자 등의 승인을 얻어 가이드라인 대상 외로 하는 것도 가능
(3) 권유 유의 상품 선정	'권유 가능한 상품'과 '권유 유의 상품'의 범위를 선정 '권유 가능한 상품'의 예 • 비교적 가격 변동이 작고 시스템이 복잡하지 않으며 환금성이 높은 상품 • 주지성(周知性)이 높은 상품, 시시각각 가격이 변동하는 상품 '권유 유의 상품'을 권유하여 판매할 때에는 관리자에 의한 사전 승인이 필요하다는 것을 업계 규칙으로 규정
(4) 권유 절차	관리자가 고령 고객과 면담(전화 포함)을 통해 권유의 적정성을 판단
(5) 약정 후 연락	80세 이상(기준)의 고령 고객에게는 담당 영업자와는 다른 담당자가 약정 결과를 연락
(6) 모니터링	고령 고객에 대한 사내 규칙 준수 상황을 모니터링

(출처) 일본증권업협회 자료에 기초해 노무라 자본시장연구소 작성.

라고 정의한다. 금융상품은 고령 고객을 대상으로 권유할 수 있는 상품과 권유에 유의해야 하는 상품으로 구분된다. 증권회사는 영업직원이 고령 고객에게 권유 유의 상품을 권유했을 경우, 지점장·과장 등 관리자의 사전 승인 등 절차와 추가 조건을 규정할 필요가 있다. 관리자는 전화나 면담 등을 통해 고령 고객과 직접 접촉해 고객의 상황 파악에 최선을 다해야 한다. 80세 이상 고객에 대해서는 권유 당일 거래를 제한하고, 영업 담당자가 아닌 관리자를 통한 주문 접수와 영업 담당자 외에도 책임자가 약정을 설명하는 등, 여러 사람이 참여하여 꼼꼼하게 점검할 필요가 있다.

이러한 규칙의 배경에는 금융상품 투자 권유 전반에 적용되는 '적합성 원칙'이 있다. 적합성 원칙이란 증권회사에서 개인에게 투자를 권유할 때 거래가 고객의 지식, 경험, 투자 목적, 재산 상황에 비추어 타당한지 여부를 확인하고, 그렇지 않다는 판단이 들 때에는 권유를 해서는 안 된다는 규칙이다.

예컨대 투자를 처음 하는 사람에게 과도하게 복잡한 상품을 추천하는 행위는 적합성 원칙에 반할 가능성이 있다. 증권회사의 투자 권유에는 본래 해당 거래가 고객에게 적절한지 여부를 판단하는 행위가 내포되어 있다.

그럼에도 군이 고령 고객에 중점을 맞춘 규제를 단행하게 된 배경에는 고령으로 심신기능이 저하될 가능성, 고령자는 새로운 수입 기회가 적어 보유 자산이 향후 생활비가 될 가능성이 높다는 점, 과거 투자 경험이 풍부하고 권유 시점에는 상품에 대한 이해도도 충분해 보였던 고객이 수일 후에는 거래 자체를 기억하지 못하며 고객 본인과 가족에게서 고통을 호소하는 소송이 일어나는 경우가 있기 때문이다. 추가 조건을 도입해서 고령자를 보호하고, 기업 역시 의도하지 않은 일로 비난받게 되는 사태를 미연에 방지할 수 있다.

단, 이러한 규제가 적용되는 것은 증권회사가 투자를 권유할 때에만 해당되며, 고령 고객이 구체적인 상품과 거래 수량 등을 지정해서 구입하는 때에는 해당되지 않는다. 즉, 고령자 본인이 부적절한 거래를 주도하는 상황을 방지하는 효과는 없다. 또한 인터넷 거래에서는 투자 권유에 해당되는 요소가 없다면 적용에서 제외된다.

또 하나 눈에 띄는 점은 고령 고객의 연령을 75세로 구분한 것이다. 제2장에서도 기술했듯이 같은 나이의 고령자라고 해도 사람에 따라 건강 상태는 크게 다를 수 있다. 80세에도 예전과 다름없이 왕성하게 활동하는 사람이 있는 한편, 70세에도 투자 판단력에 저하를 보이는 사람이 있다. 인지기능은 저하가 더디게 진행되기 때문에 74세 11개월과 75세 고객의 상태가 별반 다르지 않다.

증권거래를 권유할 때 고객의 투자 목적에 연령을 고려하는 등의 대처는 본래 적합성 원칙에 따라 이루어져 왔으며 영업 담당자도 이에 상응하는 경험치를 가지고 있다. 그러나 인지기능 저하를 비롯한 의학과 관련된 부분은 미지의 영역이나 마찬가지이다.

이러한 상황에서 연령은 객관적인 기준이 되는 한편, 연령 구분에 따른 문제를 인식하고 있으면서도 달리 적당한 대안을 찾지 못하고 있는 것이 현실이다. 환언하자면, 연령 이외에 객관적인 요소가 기술적으로 추가될 수 있다면 고령 고객에 대한 대처가 좀 더 정교해질 수 있을 것이다. 의학과 금융의 협업도 앞으로 기대가 높은 분야이다.

예를 들어 제2장에서 소개한 자산관리능력 평가도구(FCAT)나 자산관리능력 검사(FCI)를 이용하게 되거나, 원격 인지기능 평가가 첨단화되면 금융기관 창구에서 고령자를 대하는 직원의 행동에 관한 의학적인 객관성도 확보될 것이다. 혹은 제3의 웰빙 플랫폼을 이용한 인공지능(AI) 자산운용을 통해 개인의 활동 이력을 비교할 때 일상적인 운용 패턴에서 크게 벗어난 활동을 제어할 수 있게 된다면 보다 치밀한 대처 행동으로 이어질 수 있다.

만약에 고령 고객을 위한 자산관리능력 저하 진단과 AI 보조를 통한 거래 중단이 실현된다고 해도 금융기관이 이를 실제로 대책으로 적용할 것인지 여부는 윤리적·도의적인 문제와도 연관되며 신중한 판단을 요한다. 금융기관과 고령자, 그리고 그 가족까지 납득할 수 있는 대책은 무엇인지, 업계 표준과 일정의 법적 기준이 필요할 것으로 보인다.

또한 고령자의 자산관리 양상 전반을 생각할 때, 고령자 보호에만 주목하는 것은 과제의 단면만 보는 것이라 해도 과언이 아니다. 우리의 노후를 둘러싼 환경이 크게 변화하고 있기 때문이다.

3 | 노년기 자산관리라는 과제의 부상

앞에서 기술했듯이 노년 세대는 젊은 세대에 비해 많은 금융자산을 보유하고 있다. 그 자체는 이상한 일이라거나 특별히 새로운 현상이 아니다. 우리가 직면한 문제는 저출산·고령화가 심화되면서 노후의 생활 방식이 예전의 생활 방식을 보장할 수 없게 되었다는 데 원인이 있다. 그중에서도 가장 문제가 되는 것이 공적연금을 비롯한 사회보장제도이다.

제1장에서 지적했듯이 일본의 사회보장제도는 세대 간 지탱을 기본 이념으로 한다. 공적연금은 기본적으로 현역 세대가 내는 보험료로 노년 세대의 급여를 마련하는 부과 방식이어서, 급격한 저출산·고령화는 재정난으로 이어진다. 이에 대처하기 위해 2004년 공적연금 개혁에서 '매크로 경제 슬라이드'라는 급여자동제어 시스템이 도입되었다. 그 후 경기 침체와 디플레이션 등의 영향으로 예상했던 대로 실행되지 못했으며, 결국 공적연금의 역할 축소는 피할 수 없는 상황이 되었다.

따라서 많은 국민이 노후의 소득을 확보하기 위한 자산을 스스로 준비하고, 은퇴 후에는 그렇게 확보한 자산을 생계 수단으로 여생을 살아가게 된다. 지금까지도 노후를 대비한 저축은 해왔지만, 앞으로는 그 중요성이 더욱 부각되고 좀 더 세련된 방법이 요구될 것이다.

현역 시절의 자산 형성은 단적으로 말하면 "어떻게 자산을 늘릴 것인가"에 관한 문제이지만, 은퇴 후의 자산관리는 '운용'과 '헐어 쓰기'의 두 가지 요소로 나뉜다. 종래의 감각은 은퇴를 하면 수입이 없어지기 때문에 자산의 안전한 운용에 한정하는 것이 당연했다. 구체적으로는 원금이 손실되지 않도록 은행예금을 중심으로 운용한다는 생각이다. 그러나 일본은 장기간의 저금리로 결국 마이너스 금리에 돌입했다. 물가 동향을 보면 디플레이션 혹은 저(低)인플레이션이 계속되었기 때문에 자금 운용을 통한 자산 증식의 필요성을 그리 느끼지 못할 테지만, 노년기 최대 지출 항목군인 의료와 개호보험은 연금과 마찬가지로 저출산·고령화에 큰 영향을 받는다.

공적 의료보험 및 개호보험 제도를 유지하기 위해서는 여력이 있는 고령자가 자기 부담을 확대하는 방법에 의지할 수밖에 없으며, 의료·개호 노동력 부족을 해소하기 위한 방법의 하나로 재택 개호의 수요도 늘어날 것으로 보인다. 따라서 향후 자택 리폼 수요 증가와 그에 따른 비용이 발생할 것으로 보인다. 한편 리폼 비용의 마련은 순전히 개인의 몫이 되기 때문에 "물가 상승이 없다면 이율이 제로여도 무관하다."라는 단순한 수준에 머무르지 않게 된다.

요컨대 은퇴 후에도 일정 수준의 자산운용을 지속하면서 적절한 속도로 자산을 헐어서 의료·개호를 비롯한 필요 경비를 마련하는 일이 개인에게 요구된다. 즉, 자산을 '운용하면서 헐어 쓰는' 작업이다. 자산을 '헐어 쓰는' 작업이 어려운 이유는 자신이 몇 살까지 살지 알 수 없기 때문이다. 기대수명 연장은 획기적인 사건이지만 그만큼 불확실성이 커지는 것 역시 사실이라 '장수 리스크'라고도 불린다.

장수 리스크 대응책으로 가장 먼저 떠올릴 수 있는 것은 죽을 때까지 급여를 보증하는 공적연금이다. 공적연금은 의무 가입이어서 집안 대대로 장수한다는 사람만 가입하는 등의 선택이 불가능하다. 지금까지는 노후를 공적연금과 가족의 돌봄에 의지한다고 생각해왔던 것이 사실이다. 거듭해 말하지만, 급격하게 저출산·고령화가 진행된 일본의 사회경제적 상황에서 앞으로는 공적연금과 가족 둘 다 의존하기 힘든 상황이다. 은퇴 후의 자산관리에는 운용하는 도중에 자산이 바닥나지 않게 한다는 장수 리스크 대책이 포함되어 있다(도표 7-3).

이러한 문제는 지금 세대가 은퇴하게 될 때만 나타나는 것이 아니라, 이미 은퇴한 세대에게까지 소급하여 적용된다. 모아둔 자산을 효과적으로 활용하면 향후 공적연금 급여가 제어되거나 의료·개호보험에서 자기 부담이 증가하더라도 대처할 수 있게 된다.

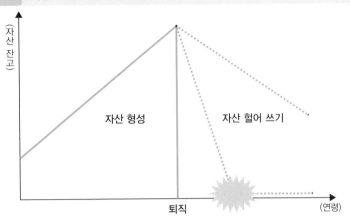

(자산 잔고)

자산 형성

자산 헐어 쓰기

퇴직

(연령)

(출처) 노무라 자본시장연구소.

　한편 금융기관은 은퇴 후 자산관리를 지원하는 상품과 서비스를 제공함으로써 개인과 가족, 그리고 사회 전체에도 크게 공헌할 것이다. 그렇게 금융기관의 비즈니스 기회를 확장하고 고령사회에서 활약할 수 있는 기회를 잡을 수 있다. 다음 절에서는 고령자 대상 금융 서비스에 관한 논의가 활발한 미국의 동향을 개관하려 한다.

4 　미국에서 발전한 고령자 대상 금융 서비스

　최근 미국에서도 노년기 자산관리 방법이 중요 과제로 인식되기 시작했다. 일본과 비교하면 고령화 수준이 낮고 진행 속도 또한 느린 미국이지만 본격적인 대응에 나서지 않을 수 없는 실정이다.

　일본의 단카이 세대에 해당하는 미국의 베이비붐 세대(1946~1964년생)가 잇따라 은퇴 연령을 맞이하고 있기 때문이다. 베이비붐 세대는 약 7,500만 명에 달하며 시대의 트렌드를 견인한 업적이 있다. 미국은 일본처럼 정년제는 아니지만 현역 베이비붐 세대가 은퇴 연령에 들어섰으며, 이들의 노후 '성패' 여부가 사회에 미치게 되는 영향은 매우 크고 중요하다.

증권투자도 사람들 사이에 깊이 침투되어 있다. 투자신탁업계 단체인 투자회사협회에 따르면 약 44%의 가계가 투자신탁을 보유한 것으로 나타난다(2016년 조사). 인구가 고령화되면 투자자도 고령화되는 것은 미일 양국이 공통된 현상이지만, 미국의 경우 투자자의 고령화가 일부 부유한 사람들에게서만 나타나는 문제가 아니라 보편적 다수의 사람들과 연관된 문제로 나타날 수 있다.

또한 미국에서는 1980년대 이후 확정기여형 연금이 보급되고 사람들 사이에서 노후를 위한 자산 형성이 정착되었다. 확정기여형 연금은 가입자별로 개인 계좌가 설정되고, 갹출된 분담금을 개인이 장기 운용해서 자산을 형성한다. 개인이 자금의 기여 · 운용 · 급여에 대한 의사를 결정한다는 의미에서 자주적인 성격이 강한 연금제도라고 할 수 있다. 미국에서는 전통적인 확정급여형 퇴직연금을 지난 30년 동안 꾸준히 축소하는 한편, 확정기여형 연금을 확대해왔다. 앞으로 은퇴를 맞이할 대다수의 사람들이 공적연금과 확정기여형 연금을 주된 수입원으로 노후를 보내게 될 것으로 보인다.

미국의 공적연금은 정해진 금액이 평생토록 지급되지만 확정기여형 연금 자산을 은퇴 후에 어떻게 사용할지는 본인의 자유이다. 베이비붐 세대, 증권투자의 보급, 연금제도의 변화라는 세 가지 트렌드가 겹치면서, 미국에서는 죽는 날까지 계속해서 자산을 관리해야만 하는 고령자가 대량으로 발생하게 되었다.

이러한 사회 분위기 속에서 2000년을 전후해 일부 금융 서비스사업자들은 은퇴 후 자산관리 방법에 관해 논의하기 시작했다. 은퇴한 고령자에게 금융 부분만을 지원하기보다는, 예를 들어 현역에서 은퇴한 후에 사회와 어떻게 관계를 형성해 나갈 것인지, 생활은 계속 자택에서 할 것인지 등, "노후를 어떻게 살고 싶은가?"를 고려해서 재무 설계(Financial Planning)를 제안하는 종합적인 접근이 필요하다는 것이다.

재무 설계를 실현하기 위한 상품도 개발되었다. 상품을 개발하는 데 있어 역점을 둔 부분이 "언제(몇 살)까지 살지 알 수 없는 상황에서 어떻게 하면 자산 고갈을 피하고 적절한 속도로 자산을 헐어 쓸 수 있는가?"에 대한 대안의 제시였다.

급여 보장이 필요하지 않다면 투자신탁도 한 가지 방법이다. 예를 들면, 정기적인 분배금 지불을 목적으로 하는 투자신탁이 있다. 분배금의 액수는 변동이 있지만 자금을 운용하면서 헐어 쓰는 페이스메이커 기능을 할 수 있다. 덧붙이자면 일본의 월 지급식 펀드도 같은 용도에 해당할 것이다.

보장은 그에 상응하는 비용이 발생하지만, 그럼에도 급여 보장을 원한다면 보험 상품을 활용하는 방법을 생각할 수 있다. 예컨대 일정 기간 또는 종신에 걸쳐 일정 급여를 보장하는 연금보험이다. 고정된 금액의 급여를 보장하는 정액연금보험과, 운용 실적에 따라 연금액이 변동하는 변액연금보험도 있다.

장수 리스크 대처에 특화된 연금보험도 있다. 장수연금이라고 하면 급여 개시 시기가 85세 등 노년기로 설정되어 있으며, 종신연금 및 보험료 납입에서 연금 개시일까지 15년에서 20년처럼 장기간으로 설정되어 있는 것이 특징이다. 노년기에 개시되는 종신연금이기 때문에 수급자가 상당히 장수하지 않는 한 받을 수 있는 혜택이 적지만, 연금를 수령하기 시작하면 자산 고갈에 대한 걱정이 없고 자산을 운용하면서 헐어 쓸 수 있는 기한이 정해져 있으므로 편리하다. 한편 보험회사는 급여가 개시되기 전까지 납입된 보험료를 운용할 수 있기 때문에 그만큼 보험료를 낮게 책정할 수 있다.

2000년대 미국에서는 여러 금융 서비스사업자가 은퇴 후 자산관리를 지원하는 상품·서비스를 선보였다(도표 7-4). 개인의 의사결정을 돕는 재무 설계 도구, 투자신탁과 장수연금을 묶은 상품, 자산 헐어쓰기를 지원하는 계좌 서비스 등이 투입되었다. 은퇴 후에도 정기적인 소득을 제공하는 분배금 중심의 투

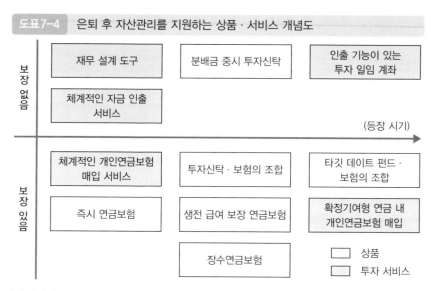

보장 없음	재무 설계 도구	분배금 중시 투자신탁	인출 기능이 있는 투자 일임 계좌
	체계적인 자금 인출 서비스		

(등장 시기)

보장 있음	체계적인 개인연금보험 매입 서비스	투자신탁·보험의 조합	타깃 데이트 펀드· 보험의 조합
	즉시 연금보험	생전 급여 보장 연금보험	확정기여형 연금 내 개인연금보험 매입
		장수연금보험	▢ 상품 ▢ 투자 서비스

(주) 타깃 데이트 펀드는 주식·채권의 분산 투자를 기본으로, 특정 목표 연도에 맞춰서(target date) 운용 리스크를 감소시켜가는 투자신탁이다.
(출처) 노무라 자본시장연구소.

자신탁도 등장했다. 단, 이러한 시도 대부분이 2008년 리먼 사태로 인한 혼란 속에서 본격적으로 시작되기도 전에 좌절된 느낌을 부정할 수 없다.

연금보험은 경제적 합리성에 비해 활용에 진전이 없다는 지적도 있다. 연금 보험은 보험료를 납입하면 불리한 조건으로 밖에 중도 해약을 할 수 없기 때문에 자산 유동성 면에서 트레이드오프(trade off)가 발생한다는 점, 수수료를 포함한 보험료 설정의 근거가 알기 어렵고 불투명하다는 점, 상품 구입 시점의 시장 금리에 따라 같은 보험료를 내고도 급여액이 변동된다는 점, 수십 년에 걸친 장기 계약이며 그사이 보험회사가 파산할 위험성이 있다는 점 등이 활용에 진전이 없는 이유이며, 이는 해결할 수 없는 '난제'가 되어버린 듯하다.

노년기 자산관리 금융 서비스 분야의 관련 수요는 중·장기적으로 꾸준히 증대될 것으로 보이며, 급속한 수요의 확대에 따라 금융 서비스사업자들은 아직 시행착오를 반복하고 있다. 단, '이것이 기준'이라는 식의 해결책 제시는 있을 수 없다는 인식이 공유되기 시작했다.

5 | 금융 제론톨로지 시대

고령자의 자산관리에 유용한 상품과 서비스를 추구하는 추세가 강해지는 한편, 2010년대에 들어서면서 노화에 따른 인지증 발병률 상승 등 고령자의 심신기능 쇠퇴와 관련된 문제가 이전에 비해 주목받게 되었다. 고령자는 금융 사기와 범죄의 대상이 되기 쉬우므로 금융 서비스사업자의 고령 고객 대책에 관한 내용을 비롯해, 기본 내용은 일본과 공통되는 부분이 많다.

그런 가운데 미국에서 금융 서비스사업자의 방법론이 지금까지 교류가 없던 전문가 및 조직과 연계하는 등, 좀 더 폭넓은 각도에서 고령자의 자산관리를 지원하는 방향으로 전개되는 것으로 보인다. 이런 동향을 '금융 제론톨로지(Financial Gerontology)'라는 개념을 통해 정리하려 한다.

금융 제론톨로지란 '제론톨로지'와 금융이 융합된 학문 영역이다. 제론톨로지는 생물학, 의학, 보건, 개호, 교육, 심리학, 사회학, 테크놀로지 등 여러 분야를 총괄해 노년기 및 고령화 프로세스를 학제적으로 파악하는 학문을 말한다. 다수의 사람에게 노년기가 인생에서 긴 시간을 차지하게 되었다는 점, 인구 고령화로 노년 세대가 사회 전반에 미치는 영향력이 증가한 점 등이 제론톨로지적인 접근이 중요해진 배경으로 지적할 수 있다.

금융 제론톨로지는 복수 분야의 제론톨로지 연구를 바탕으로 '자산수명(Wealth Span)'의 문제를 바라보고 개인과 가족이 희망하는 바에 대한 이해도를 높이고자 한다. '자산수명'이란 자금면의 제약 없이 생활할 수 있는 기간을 말한다. 노후 자산의 웰빙과 안전 확보가 중요하다(도표 7-5).

최근 건강에 제약을 받지 않고 일상적으로 생활할 수 있는 기간인 '건강수

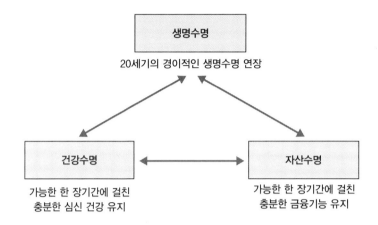

생명수명

20세기의 경이적인 생명수명 연장

건강수명

가능한 한 장기간에 걸친
충분한 심신 건강 유지

자산수명

가능한 한 장기간에 걸친
충분한 금융기능 유지

(출처) Cutler, N.E, et al., *Aging, Money, and Life Satisfaction: Aspects of Financial Gerontology*, 1992에 기초해 노무라 자본시장연구소 작성.

명'을 연장하고 건강수명과 생명수명의 차이를 축소하는 문제가 중요시되고 있다. 금융 제론톨로지에서는 이에 더불어 세 번째 수명으로 자산수명을 추가한다. 즉, 건강수명과 비슷한 수준으로 자산수명을 연장하고, 생명수명과 최대한 동일하게 만드는 작업이 필요하다. 건강수명과 자산수명은 서로 연관되어 있으며 함께 노후의 생활의 질(Quality of Life: QOL)에 많은 영향을 미친다.

금융 제론톨로지는 1980년대 말에 이미 학술 분야로 등장했다. 21세기를 전망한 장기적인 과제 설정이었다. 그 후 앞에서 기술했듯이, 일부 금융 기관에서 고객의 요구에 앞서 나가는 서비스의 형태로 부분적으로 논의되어왔다. 아직 금융 서비스업계에서 금융 제론톨로지라는 용어가 보급되어 있다고 보기는 어렵다. 대형 증권사인 뱅크 오브 아메리카 메릴린치(Bank of America Merrill Lynch)가 '금융 제론톨로지 담당'을 설치하고 미국 금융 제론톨로지 연구소 (AIFG)가 '등록 금융 제론톨로지스트'라는 자격을 인정 · 운영하고 있다.

단, 학제적이며 포괄적인 대책이 필요하다는 인식을 공유하기 시작했으며, 금융 서비스사업자와 대학 및 학술기관의 연계도 시작되었다. AIFG는 노스캐

롤라이나 대학과 파트너로 운영 중이며 매사추세츠 공과대학, 스탠퍼드 대학, 사우스캐롤라이나 대학 등이 금융 서비스사업자와의 파트너로 종종 언급된다.

증권회사 및 금융업계 단체인 미국 증권산업금융시장협회(SIFMA)는 고령 투자자 관련 과제를 논의하는 연례 컨퍼런스를 열고 2014년부터 3년 연속 신경과학, 심리학, 노년학 등 분야의 의학 연구자와 의료 관계자를 강연자로 초청했다. 금융업계 전반이 전문가의 식견을 수용하는 추세임을 알 수 있었다.

자산수명 연장을 대비하기 위해서 구체적으로 무엇이 필요한가? 앞에서 기술했듯이 아직 시행착오를 거듭하고는 있지만, 지금까지의 대처는 "어떻게 살고 싶은가?"라는 노후의 생애 설계(Life Planning)와 이를 지탱하는 재무 설계(Financial Planning)가 심신기능 저하로 본인의 자력으로 생활할 수 없는 상황의 대비에 지나치게 초점에 맞춰져 있는 감이 있다. 이러한 상황에서는 가족과 전문가의 참여와 지원이 필수적이다(도표7-6).

따라서 원활한 지원을 받을 수 있도록 사전 준비를 해야 할 필요성이 있다. 예를 들어 고령자 본인이 금융과 의료에 관련된 주요 정보를 정리해두거나, 본인이 의사결정을 하지 못하게 될 때는 누구에게 어떠한 권한을 위임할 것인지를 사전에 결정해서 관계자에게 전달해야 한다.

미국에는 3,800만 명의 회원을 보유한, 노년 세대 문제와 관련된 정보의 발신과 정책을 제언하는 AARP라는 비영리 단체가 있다. 고령자 자산관리는 AARP에서 주력하는 사업의 하나이며, AARP에서는 구체적인 사전 준비 항목을 제시하면서 부모와 자녀 사이에 이야기하기 힘든 화제에 대해 먼저 이야기를 꺼내는 것이 부모 세대의 역할이라는 안내서를 냈다.[3]

금융 서비스사업자 측에서도 배우자나 자녀 등, 고령 투자자 가족과의 연계가 필요하다. 고령 투자자가 가족과 멀리 떨어져서 산다면, 평소 접촉할 기회가

• • •

3 Prosch, T., *AARP The Other Talk: A Guide to Talking with Your Adult Children about the Rest of Your Life*, McGraw-Hill Education, 2014.

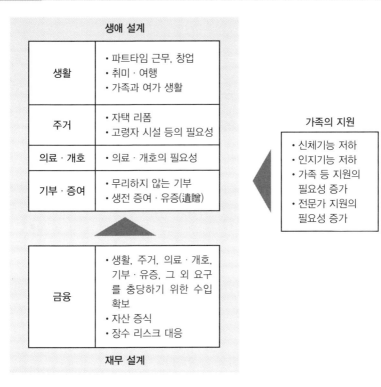

(출처) 노무라 자본시장연구소.

많은 금융기관 직원이 가족보다 먼저 고령 고객의 이변을 알 수 있다. 단, 노화에 따른 기능 저하라는 민감한 화제인 만큼, 고객과의 원활한 소통을 위해 직원이 고령화 프로세스와 노화에 관련된 지식을 미리 습득해둔다면 큰 도움이 될 것이다. 금융업계가 대학 등 연구기관과 연계하기 시작하고 SIFMA 컨퍼런스에 의료 관계자를 초빙하는 것 역시 이러한 상황을 염두에 둔 동향일 것이다.

자산수명 연장에 도움이 되는 해결책은 '사전 설정'일 것이다. 사전에 보험료를 납입하고 향후의 급여를 확보하는 연금보험도 한 가지 방법이지만, 그 외에도 투자 일임 계좌나 신탁과 같은 금융 서비스의 활용도 생각할 수 있다. 이러한 금융 서비스는 사전에 자산의 목적과 권한 위임의 소재를 명시해두면, 사기 피해 방지는 물론 후일 본인의 원래 의사에 반하는 행동을 하게 되는 상황을 미연에 방지할 수 있다.

6 일본의 금융 제론톨로지

일본 고령자의 자산관리에 금융 제론톨로지의 논리를 적용하면, 예를 들어 의학과 같은 금융 이외 분야의 전문가와의 연계를 통한 금융 서비스업계의 대응력 향상, 우수한 커뮤니케이션 능력을 통한 고령자 자산관리의 지속과 그에 따른 자산수명의 연장 등의 전개를 예상할 수 있다. 인지기능을 판단하는 새로운 의료기술과 보건의료 플랫폼 등을 적극적으로 수용하는 자세도 필요하다.

심신기능이 저하될 가능성을 고려해 '사전 설정'을 하는 이유가 고령 투자자와 가족, 금융기관 간의 갈등 방지와 같은 방어적인 목적에 그치지 않고, 더 나아가 효율적인 자산관리 지원을 제공한다는 관점이 추가된다면 문제 해결의 방안이 된다. 고령 고객의 가족과 금융기관의 연계가 왜 중요한지, 그 이유도 널리 알려져야 한다.

사전 설정을 지지하는 입장은 성년후견제도에서 임의후견제도 활용을 지지하는 입장이며, 후견제도의 지원 체제 충실 및 제도 운용의 개선은 유의미한 일이 될 것이다. 제6장의 내용에 따르면 본인 의사의 존중과 잔존능력의 활용이라는 관점에서 임의후견이 법정후견보다 우선된다. 그러나 실상은 후견 신청 19만 건 중 15만 건이 법정후견의 성년후견이었으며 임의후견은 2천여 건에 그쳤다.

좀 더 자세히 살펴보면 후견인에 의한 자산관리 방법에도 재고의 여지가 있을 것이다. 제6장에서 소개한 것처럼, 후견인에 의한 자산관리는 어디까지나

자산 보전이 목적이며 자산운용이 개입될 여지는 없다. 재판소가 자산 보전을 목적으로 하는 엄격한 제도에는 후견제도지원신탁이 있으며, 후견제도지원신탁의 경우 금전신탁을 통해 자산이 관리된다. 그러나 사전 설정 계획이 있다면 운용을 지속하는 자산관리 방법론 쪽이 피후견인의 의사를 존중하는 좀 더 합리적인 케이스라고 볼 수 있다.

실제로 미국에서는 후견인이 피후견인의 자산을 관리할 때 '신중한 투자자'로 행동하기를 바란다. 후견인은 피후견인에게 자산관리를 위탁받은 수탁자(受託者)이며 수탁자는 수익자(受益者)의 이익을 최선으로 생각해서 행동해야 하는 의무가 있다. 수탁자에게 요구되는 행동 원칙의 하나는 신중한 투자이다.

미국의 신중한 투자자 원칙에서는 자산 분산 투자가 중요하다. 주식은 리스크가 크기 때문에 해서는 안 되고, 은행예금은 안전하므로 해도 괜찮다는 개별 판단이 아니라 자산 전체에서 적절한 리스크 관리가 이루어지고 있는지를 따지게 된다. 또한 본인의 본래 의사 존중도 요구된다. 후견인이 이러한 일을 직접 처리하기 힘들다면 전문가를 고용해서 운용을 위탁할 수 있다. '사전 설정'한 계획과 신중한 투자를 병행한다면, 본인과 가족 모두가 가장 납득할 수 있는 형태로 자산수명을 연장할 수 있다.

급속한 고령화를 겪고 있는 일본에서, 고령자가 보유한 금융자산을 효율적으로 활용하는 일은 고령자와 그 가족만이 아니라 사회경제 전체의 성장 자금 공급을 위해서도 중요하다. 제1장에서 제언한 개인의 인지기능 저하로 관리할 수 없게 된 자산의 공적 펀드화는 갈 곳을 잃은 자금의 '마지막 행선지'로 보는 것이 적절하리라 보지만, 마지막 행선지로 보내기 전에 본인과 가족 그리고 그들을 지원하는 금융기관이 할 수 있는 일과 해야 하는 역할이 많이 있을 것이다.

또한 향후 사회보장급여 제어는 피할 수 없는 일이다. 그때에 소득 격차와 건강 격차는 상호 연관되어 있으며 소득 수준과 건강 수준, 모두가 낮은 사람들의 존재를 간과해서는 안 된다는 점 역시 제1장에서 기술했다. 각도를 달리

해서 보면, 좀 더 많은 사람들이 건강과 자산 양쪽 모두의 수명을 늘리는 선(善)순환에 들어설 수 있게 된다면, 개인에게 이익일 뿐만 아니라 사회보장제도의 부담 경감으로도 이어질 수 있음을 시사한다. 금융 제론톨로지의 개념을 일본의 실정에 맞추어 폭넓게 논의해나가는 의의는 미국 이상으로 클 것이다.

(노무라 아키코)

제8장

글로벌화와
일본의 고령화 문제

— **현재의 과제와 향후 희망과 기회**

영국의 수상이자 제2차 세계대전 당시 독일군에게 패배 직전까지 몰렸지만 최후에는 승리를 이끌어낸 윈스턴 처칠의 명언 중에는 일본에도 잘 알려진 유명한 것이 몇 가지 있다. 그중에 하나가 "비관주의자는 매번 기회가 찾아와도 역경을 보지만, 낙관주의자는 매번 고난이 찾아와도 기회를 본다."라는 말이다. 이 말은 현재를 살아가는 우리에게 큰 용기를 준다. 왜냐하면 일본은 많은 질병을 극복하고 생활 환경을 개선하면서 세계 정상의 평균수명(남성 80.79세, 여성 87.05세: 2015년)을 누리게 되었기 때문이다. 이를 실현한 국민보험과 의료기술, 그리고 헌신적인 의료 인재는 일본이 세계에 자랑하는 자산이다.

그러나 눈부신 성공의 결과, 인구에서 고령자가 차지하는 비율은 26.7%로 세계 최고가 되었으며 앞으로도 상승할 전망이다. 고령인구의 증가는 결국 사망자 수의 증가로 이어진다. 한편 아동 인구는 감소하였다. 환언하자면 저출산·다사(多死)사회[1]가 되었으며, 결국 인구가 매년 감소하는 쇠퇴 사회를 향해 가게 될 것이다. 이러한 과정에서 다수의 고령자를 소수의 근로 세대가 지탱하지 못하게 되고 결국 의료보험과 연금제도마저 무너지게 된다면, 국가와 사회, 사람과 사람 사이의 연결도 잇따라 붕괴되어버리고 마는 것은 아닐까?

물론 이 비관적인 이야기 속에서 밝은 미래를 전망하기란 어려운 일이지만, 그렇다면 정말 우리의 미래는 어둡기만 한 것일까? 처칠이 말하는 낙관주의자의 눈으로 보는 풍경은 전혀 다른 것이 아닐까? 우리가 기회를 찬스가 아닌 문제로 보는 비관론에 빠져 있다는 견해도 나오고 있다. 실제로 우리 앞에는 기회로 가득찬 시대가 펼쳐져 있고, 낙관적 관점을 근거 없는 망상이라고 폄하하지 않기 위한 지성과 노력이 지금이야말로 필요하다는 점을 이번 장에서는 강조하려 한다.

저출산·고령화는 세계적인 추세이며 일본은 이에 직면한 과제 선진국이다.

• • •

1 고령인구 증가로 사망자 수가 급증하면서 인구가 감소하는 사회 형태. 초고령사회의 다음 단계에 오는 것으로 상정한다. (옮긴이)

향후 아시아에서는 고령화의 제2, 제3의 물결이 일어날 것이다. 따라서 앞서 저출산·고령화를 경험하는 일본은 관련 기술을 사업화함으로써 세계 시장의 수요에 대응하고, 세계의 번영과 평화에 적극적으로 공헌하는 큰 기회를 얻을 수 있을 것이다.

1

세계의 큰 흐름 속에서 일본의 건강 문제를 생각한다

❶ 일본은 고령화로 세계 최첨단

일본의 고령화는 세계 최고 수준이라고 한다. 일본의 고령화 현상에는 어떠한 의미가 있을까? 국제 보건과 의료 원조라는 말을 들어본 적이 있을 것이다. 요즘은 글로벌 헬스(Global Health)라는 말도 흔히 사용된다. 이러한 용어에 관한 설명과 함께, 세계의 흐름 속에서 일본의 건강 문제를 생각해보려 한다.

백문이 불여일견이다. 스웨덴 카롤린스카 연구소, 한스 로슬링(Hans Rosling) 박사의 TED나 유튜브 강연을 들으면 도움이 될 것이다. 로슬링 박사는 의사이며 공중위생학자이다. 그는 대학교수로 일하면서 스톡홀름에 거점을 둔 갭마인더(Gapminder) 재단에서 공중위생 통계를 그래픽으로 변환하는 시각화 작업을 통해 '사실에 기초한 세계관' 보급에 열정을 다하고 있다.[2]

그의 성과가 유감없이 발휘된 비디오클립을 BBC에서 인터넷에 업로드하여 쉽게 찾아볼 수 있다. BBC Four에서 방영한 〈한스 로슬링: 200개 국가의 200년간을 4분에 보다 — 통계의 기쁨〉[3]이 대표적이며 전 세계에서 700만

• • •

2 한스 로슬링 박사는 2017년 2월 7일에 사망했다. (옮긴이)

3 BBC Four, Hans Rosling's 200 Countries, 200 Years, 4 Minutes: The Joy of Stats (https://www.youtube.com/watch?v=jbkSRLYSojo).

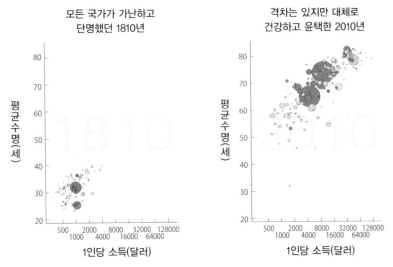

(출처) 갭 마인더(https://www.gapminder.org/tools/)에 기초해 필자 작성.

회 이상 시청되었다.

로슬링 박사는 도표 8-1처럼 가로축은 인구 1인당 GDP(달러 환산), 세로축은 평균수명으로 설정하고 1810년부터 2010년까지 200년간의 추이를 4분짜리 영상으로 만들었다.

1810년에는 세계 모든 국가들이 가난하기 때문에 평균수명이 40세 이하였다. 19세기 산업혁명을 계기로 서구 국가들의 평균수명이 급속하게 개선되지만 아시아 국가, 아프리카 식민지는 뒤처져 있는 양상을 확인할 수 있다. 제1차 세계대전 이후로도 이러한 경향이 이어지지만, 아시아에서는 유일하게 일본이 개선되기 시작한다. 그러나 본격적으로 건강이 개선되는 시기는 아시아, 아프리카 국가들이 독립하기 시작하는 1970년대부터이다. 그 결과 2010년에는 국가 간 격차가 크기는 하지만 세계가 전반적으로 건강하고 윤택해졌다.

따라서 세계가 건강 격차를 줄이려고 노력한다면 전 인류가 부와 건강을 누릴 수 있다고 로슬링 박사는 주장한다.

일본은 아시아에서 유일하게 독립 국가로 근대화와 공업화를 이루었으며 서구 국가보다 한발 늦게 부와 건강을 보강했지만, 지금은 그들을 능가하게 되었다. 후쿠자와 유키치가 그의 저서 『학문을 권함』에서 열변한 "일신(一身)이 독립해야 일국(一國)이 독립한다."라는 말을 실천한 것이다.

② 유엔 주도의 개발 목표와 글로벌 헬스 시대의 도래

1970년부터 2010년까지 40년간 세계 평균수명은 58.6세에서 70.5세로 약 12세 늘었으며 방글라데시는 24.1세, 이란은 21.3세 연장이라는 경이로운 결과를 보여주었다. BRICS[4]에서는 중국, 인도, 브라질이 각각 16.3세, 17.8세, 14.1세로 세계 평균을 웃도는 개선을 보이는 데 비해 러시아, 남아프리카공화국은 0.8세와 1.5세로 미미한 연장에 그쳤다. 개선 부진의 원인은 구소련 지역에서 체제 붕괴로 인한 의료 시스템의 작동 불능과 남아프리카에서 확산된 에이즈 때문으로 보고 있다.

에이즈의 유행을 비롯한 감염병은 개발도상국, 특히 아프리카 국가에서 많은 생명을 빼앗고 발전을 뒤처지게 했다. 따라서 유엔은 2000년 유엔총회에서 21세기의 새로운 사업으로 2015년까지 밀레니엄 개발 목표(MDG)를 정하고, 8가지 목표 중에서 3가지〔소아 보건(MDG4), 임산부 보건(MDG), 에이즈·말라리아 등 감염병(MDG6)〕를 보건 분야에서 담당하도록 했다.

세계에서 허약과 질환의 악순환을 끊고 사회·경제를 개발의 궤도에 오르게 한다는 목표이다. 9·11테러 이후 빈곤은 테러의 온상이며, 빈곤의 원인을 질병이라 보고 개발도상국의 생산 세대를 좀먹는 에이즈와 결핵 퇴치를 위한 보건 분야에 자금이 투입되었으며, 국제 보건 분야에서도 정부 개발 원조 등의 국제 자금이 급증했다. 보건 분야의 개발 원조 자금은 2000년 107억 달

- - -

4 2000년대를 전후해 빠른 경제성장을 거듭하고 있는 브라질, 러시아, 인도, 중국, 남아프리카공화국의 신흥 경제 5국을 일컫는 말. (옮긴이)

러에서 2010년 282억 달러로 해마다 평균 10%가 증가했다.[5]

유엔 기구의 점진적인 증가와 더불어 JICA(일본국제협력기구) 등 기존의 국가 간 원조 기구 외에도 세계 에이즈·결핵·말라리아기금과 GAVI(국제백신면역연합)와 같은 민관 자금 제공 단체와 빌앤멜린다 게이츠 재단(Bill & Melinda Gates Foundation)과 같은 민간 재단의 성장이 상당히 컸다. 활동 면에서도 MSF(국경없는의사회)와 다양한 파트너십(민관 단체가 연합을 조직하고 서로의 강점을 모아 독자적인 관리 기구와 사무국, 예산을 가지며, 결핵과 말라리아 등의 질병 대책에 협력하는 비영리 국제 조직) 활동을 하게 되었다.

예전에는 국가와 국가 '사이'의 보건이라는 의미로 국제 보건이라는 용어가 사용되었지만, 최근에는 자금 면에서 활약하는 단체에도 사용되는 등 사용 범위가 넓어지고 있다. 상대방을 멸시하는 '원조해주마' 하는 태도가 아니라 범세계적 과제에 함께 대처하고 배워나간다는 이념으로 보건 이외의 분야에도 참여하면서, 새로운 지원을 할 수 있게 되었다.

이와 같은 배경에서 국제 보건(International Health)이 아닌 글로벌 헬스(Global Health)라는 용어를 사용하게 되었다. 영어 '글로벌'에는 포괄적이라는 뉘앙스가 있으며 단일 질환, 예컨대 에이즈, 결핵, 말라리아와 같은 질병을 개별로 치료·예방하는 것이 아니라 질병 횡단적인 대책을 통해 상승 효과를 노리는 방법론적인 진화도 이 용어를 선택한 이유이다.

국제 보건은 21세기 초, 풍부한 자금을 발판으로 크게 도약했다. 사하라 이남 아프리카 국가의 평균수명이 50.3세에서 56.3세로, 2000년부터 10년 동안 6세 연장이라는 대폭적인 개선이 이루어졌다. 이 수치는 20세기 마지막 10

● ● ●

5 Institute for Health Metrics and Evaluation, "Overview of Development Assistance for Health Trends," Financing Global Health 2012: The End of the Golden Age? chap.1, 2012 (http://www.healthdata.org/sites/default/files/files/policy_report/2012/FGH/IHME_FGH2012_Chapter1.pdf).

년의 개선 폭이 0.4세 연장에 불과했던 것과는 대조적이다.[6]

따라서 21세기를 시작하는 10년을 글로벌 헬스의 황금기라고도 하며, WHO 사무국장 마거릿 챈(Margaret Chan) 박사는 임기 연장 수락 연설(2012년 5월)에서 지난 10년을 "건강 증진의 황금 시대(Golden Age of Health Development)"라고 표현하고 "건강을 돌보기에 가장 좋은 시대는 이제부터 시작(The best days for health are ahead of us, not behind us)"이라는 낙관적인 견해를 밝혔다.

미국 질병관리본부(CDC)는 세계 공중위생의 10대 성과(2001~2010년)로 다음 10개 항목을 들었다. ① 영 · 유아 사망률 감소, ② 예방 접종 확대, ③ 안전한 물과 위생 수준 향상, ④ 말라리아 대책 개선, ⑤ 에이즈 대책 개선, ⑥ 결핵 대책 개선, ⑦ 열대병 대책 개선, ⑧ 금연 추진, ⑨ 교통사고 예방, ⑩ 범세계적인 건강 위기관리 체제 강화. 이 항목들은 영유아와 젊은층에 유익하기 때문에, 평균수명의 개선에 크게 기여한다. 또한 고령자 수의 증대로 이어지게 된다.

한편 글로벌화는 지금까지 외부와 교류가 단절된 벽지에서 소규모로 감염이 일어나 마을 사람 대다수가 숨지는 것으로 사태가 마무리되던 열대병이 이제는 순식간에 전 세계로 퍼져나갈 수 있게 되었다는 의미이기도 하다. 서아프리카의 에볼라 출혈열 사례는 우리에게 시사하는 바가 크다. 이처럼 글로벌 헬스 시대에는 리스크가 동전의 양면처럼 함께하지만, 고령화가 진행되는 한편 새로운 조직과 가치관이 생겨나는 등, 특유의 '포괄성'이 다양한 분야의 참여를 이끌어내 역동적으로 움직이게 한다.

❸ 세계의 건강 과제와 일본의 공헌 가능성

세계가 직면한 건강 문제에는 어떠한 것이 있는지 살펴보고자 한다. 글로벌

• • •

6 UN, Life Expectancy at Birth, Total (Years), UN data (http://data.un.org/Data.aspx?d=WDI&f=Indicator_Code%3ASP.DYN.LE00.IN).

저소득 국가(2012) 인구 8억

	인구 10만 명 당 사망자 수(명)
하기도(下氣道) 감염	91
HIV/AIDS	65
설사	53
뇌졸중	52
허혈성 심장질환	39
말라리아	35
주산기(周産期) 질환	33
결핵	31
사산(死産)	29
저영양	27

저위중(低位中)소득 국가(2012) 인구 25억

	인구 10만 명 당 사망자 수(명)
허혈성 심장질환	95
뇌졸중	78
하기도 감염	53
만성 폐쇄성 폐질환	52
설사	37
주산기 질환	28
HIV/AIDS	23
당뇨병	22
결핵	21
간경변	19

중위고(中位高)소득 국가(2012) 인구 25억

	인구 10만 명 당 사망자 수(명)
뇌졸중	126
허혈성 심장질환	107
만성 폐쇄성 폐질환	50
폐암	31
당뇨병	23
하기도 감염	23
교통사고	21
고혈압성 심장질환	20
간암	18
위암	17

고소득 국가(2012) 인구 10억

	인구 10만 명 당 사망자 수(명)
허혈성 심장질환	158
뇌졸중	95
폐암	49
알츠하이머	42
만성 폐쇄성 폐질환	31
하기도 감염	31
결장 · 직장암	27
당뇨병	20
고혈압성 심장질환	20
유방암	16

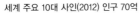

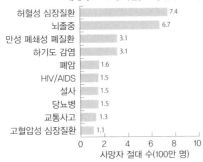

세계 주요 10대 사인(2012) 인구 70억

	사망자 절대 수(100만 명)
허혈성 심장질환	7.4
뇌졸중	6.7
만성 폐쇄성 폐질환	3.1
하기도 감염	3.1
폐암	1.6
HIV/AIDS	1.5
설사	1.5
당뇨병	1.5
교통사고	1.3
고혈압성 심장질환	1.1

(출처) 나카타니 히로키 「새로운 글로벌 헬스의 패러다임」 『보건과학』 58권 2호, 2016년. 필자 일부 변경.

헬스 과제라고 하면 에이즈와 같은 감염병과 모자 보건 문제가 떠오르겠지만, 그것은 일부분일 뿐 세계 전체의 문제를 대변하지는 못한다.

도표 8-2는 국가의 소득 계층별 사인(死因) 순위를 나타낸 것이다. 국민 1인당 GDP가 연간 1,000달러 이하의 저소득 국가는 폐렴, 에이즈, 설사 등 감염병이 주요 사인이며, 이 지역에는 세계 인구 중 8억 명이 거주한다.

전 세계 인구 70억 명 중에서 저위중소득 국가(1,000~4,000달러)와 중위고소득 국가(4,000~1만 2,000달러)에 각 25억 명씩, 합계 50억 명(70%)이 거주한다. 이 지역들은 심근경색, 뇌졸중이 주요 사인인 곳이며, 일본 의료 관계자의 기술 및 제품이 직접 공헌할 수 있는 곳이다.

고령화가 진행되면 질병과 장애를 가지고 사는 사람이 많아진다. 따라서 의료 정책도 사망만이 아니라 장애보정수명(Disability-Adjusted Life Year: DALY)과 같은 정책을 고려하게 된다. DALY는 단명으로 잃은 연수(年數)와, 질환이나 장애로 잃은 건강한 생활의 연수를 합하여 계산한다. WHO의 추계에 따르면 향후 2030년까지 DALY가 증가하는 질병에는 우울증, 심근경색, 교통사고, 만성 폐쇄성 폐질환, 당뇨병, 난청 등이 있으며 일본의 의료 종사자는 해당 질병에 정통하다.

요컨대 세계의 건강 과제가 감염병이 중심이던 시대에는 순환기 질환과 암에 정통한 일본 의료 종사자가 활약할 기회가 드물었지만, 지금은 일상 진료나 다름없는 기술을 국내외에서 사용하게 되었다.

---

2 │ 중대한 사회 실험에 대처하는 일본

1 급격한 인구 증감

일본은 현재 본격적인 초고령사회를 앞두고, 사회보장을 비롯한 사회 시스

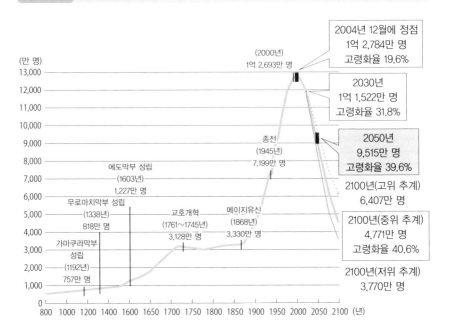

(만 명)

2004년 12월에 정점
1억 2,784만 명
고령화율 19.6%

(2000년)
1억 2,693만 명

2030년
1억 1,522만 명
고령화율 31.8%

2050년
9,515만 명
고령화율 39.6%

2100년(고위 추계)
6,407만 명

2100년(중위 추계)
4,771만 명
고령화율 40.6%

2100년(저위 추계)
3,770만 명

종전
(1945년)
7,199만 명

에도막부 성립
(1603년)
1,227만 명

무로마치막부 성립
(1338년)
818만 명

교호개혁
(1761~1745년)
3,128만 명

메이지유신
(1868년)
3,330만 명

가마쿠라막부
성립
(1192년)
757만 명

(출처) 국토심의회 정책부회 장기전망위원회 『국토의 장기 전망』 중간 정리 개요」 2011년
(http://www.mlit.go.jp/common/000135837.pdf).

템을 지속가능하도록 대체하려는 다양한 시도를 하고 있다. 사회 시스템 대체 필요성에 대해서는 도표8-3의 일본의 인구 추이를 보면 이해가 쉬울 것이다.

에도시대 중기 이래로 3,000만 명 선이던 인구는 메이지유신 이후 상승하기 시작해 20세기 초에는 4,500만 명에 달한다. 그 후로도 계속해서 증가해 21세기 초에는 1억 2,800만 명으로 정점을 찍은 후, 급격히 감소하기 시작해서 22세기 초에는 4,700만 명까지 감소한다고 추계한다. 즉, 일본은 전후(前後) 1세기 동안 인구가 2.8배 증가했다가 다음 1세기 동안 원 상태로 돌아가는, 인류 역사상 유례가 없는 인구 증감을 경험하게 되는 것이다.

우리의 생활과 건강을 지키는 다양한 제도는 인구 증가기에 계획된 것이 많다. 예를 들면 국민건강보험·국민연금(1961년), 의료비 본인 부담의 대폭 축소 등을 골자로 하는 '복지원년'(1973년), 노인보건법(1982년), 고령자 보건복지 추진 10년 전략(골드플랜)(1989년), 개호보건법(1997년 제정, 2000년 시행) 등이 있다.

　인구 증가기에는 젊은 세대가 노인 세대보다 다수를 차지하며 인구와 국가경제가 모두 성장세였던 '우상향(급등)'의 시대였다. 이 시기에는 아동 인구수가 감소하고 고령자 수는 증가해도, 피부양 인구(14세 이하 인구와 65세 이상 인구의 합)의 비율이 생산인구(15~64세)의 비율보다 낮은 수준으로 장기간 유지되었기 때문에 그 결과 생산연령 소비가 활발해져서 풍족한 사회가 실현되었다.

　그러나 앞으로 생산연령 인구가 감소하게 되면서 여러 제도의 지속가능성이 위험한 상황이다. 이미 국가 부채가 1,000조 엔을 넘어선 상황에서 개혁 없이 제도가 유지될 수 있다고 생각하는 사람은 없을 것이다. 한편 향후 기술혁신으로 육체노동과 단순 사무직은 수요가 감소할 것으로 보이기 때문에, 생산인구 감소는 실업자가 나오지 않는다는 측면에서 오히려 기회라는 견해도 있다. 그러나 결국 인구 구성의 큰 변화가 고용을 비롯한 사회경제에 큰 도전이 된다는 데는 의심의 여지가 없다.

❷ 다양한 사회 실험

　현 상황에 대처하기 위한 다양한 시도가 이루어지고 있다. 그중 몇 가지를 소개하고자 한다. 의료의 경우, 고령자는 의료보험으로 다양한 의료 서비스를 받기 때문에 고액의 의료비가 발생하기 쉽다. 이때 의료비 확보의 문제가 발생한다.

　보험이라고 이름 붙은 이상, 건강한 노동자의 보험인 조합 관장 건강보험(조합건보)보다 다수의 병약자와 고령자가 가입하는 국민건강보험의 보험료가 인상되겠지만, 개인이 부담하기에 적정한 수준이 아니라면 무보험자가 발생해 오히려 사회적 비용이 증가한다. 따라서 보험자 사이에 소득을 조정하고 지원을 받거나 국비를 통한 보조가 이루어져 왔다.

그러나 고액의 의료비가 발생하는 75세 이상 고령자가 향후 급증하기 때문에 이에 대한 대처로 후기고령자 의료제도가 2008년부터 도입되었다. 고령자가 부담하는 보험료 10%, 현역 세대가 부담하는 지원금 40%, 국비 부담 50%로 재원 부담을 규정해 75세 이상 고령자의 의료비를 확보했다. 덧붙여 2013년 실적에 따르면 피보험자 수는 1,544만 명, 의료비는 14조 1,912억 엔, 1인당 의료비는 93만 엔이었다. 이는 후기고령자 이외 1인당 평균 의료비인 20만 9,000엔의 4.5배에 해당하는 금액이다.[7]

다음은 의료 제공 체제의 개혁이다. 예컨대 현재 일본은 8,493개 병원이 157만 병상을 보유하고 있다. 원칙적으로 환자의 완치를 목표로 병상을 구성하고 있으며, 장기간 신체적 불편으로 재택 생활 중인 고령자를 위한 지원이나 대처 기능은 아직 미비하다고 한다.

따라서 2025년으로 전망하는 초고령사회가 본격적으로 도래하기 전에 병원의 기능을 재구상한다는, 도도부현(지자체) 단위의 대처인 '지역의료 구상'을 추진하고 있다. 이 계획에 따라 과잉 의료가 되기 쉬운 급성기 치료 병상과 불필요한 의료를 제공한 것으로 보이는 요양형 병상은 명확한 기능을 가진 회복기와 만성기 병상으로 자주적으로 전환하게 된다.

이 대처의 특징은 2015년에 도입된 「의료·개호 종합 확보 추진법」에 기초해서 도도부현이 조율하지만 관계자의 자주적인 대처를 이끌어내도록 접근하며, 행정 규제에 있어서 관계자의 자주 규제를 기대한다. 도쿄도와 오사카부와 같은 도시부와, 고령화가 심각한 아오모리현과 고치현은 '지역의료 구상'의 작성이 끝난 상태이기 때문에 이와 같은 유연한 접근이 상당한 효과를 올리고 있다.

마지막으로 예방 면이다. 결핵이 국민병으로 위세를 떨치며 많은 젊은이들의 목숨을 앗아갔던 것은 그리 옛날 일이 아니다. 결핵은 1950년까지 사인 1위

---

7 후생노동통계협회 『국민 위생의 동향 2016/2017』(『후생 지표』 증간) 63권 9호, 2017년.

의 질병이었으며 연간 10만 명이 넘는 결핵 사망자가 나왔다. 지금이라면 사인 2위인 심장질환 사망자의 절반에 해당한다. 결핵 사망률이 전후 일본의 경제 재건에 저해 요소라고 보고 철저한 결핵 예방 대책과 조기 발견, 조기 치료가 이루어졌다. 그 결과 결핵 사망률은 감소했지만 1955년에는 사인 4위, 1975년에도 10대 사인에서 사라지지는 못했다. 그러나 해를 거듭하면서 근로 세대의 사인에서 생활습관병이 차지하는 비중이 점차 높아지면서 결핵에 사용하던 검진 시스템을 '성인병 검진'에 사용하게 되었다. 또한 고령화가 진행됨에 따라 예방 대책도 헬시 에이징(Healthy Aging)과 개호 예방으로 전환되었다.

❸ 여러 방면에 미치는 영향

고령화 대응은 보건의료에만 국한된 것은 아니다. 다양한 면에서 영향이 나타난다. 유엔은 국제사회에서 15년마다 세계 전체의 개발 목표를 정한다. 앞에서 기술한 2000년부터 2015년까지 실시한 밀레니엄 개발 목표(Millennium Development Goals: MDG)는 저소득 국가를 대상으로 빈곤 퇴치 질병 대책에서 성과를 올렸다. 다음 2030년까지 실시되는 지속가능한 개발 목표(Sustainable Development Goals: SDG)는 전 세계를 대상으로 다양한 과제에 맞서, 과제 간의 상호 관계를 파악한 횡단적인 대책을 권한다.

SDG에서 내세운 개발 목표는 다음 17가지이다. ① 빈곤 퇴치, ② 식량, ③ 평생 보건과 복지, ④ 교육, ⑤ 양성평등, ⑥ 물, ⑦ 에너지, ⑧ 경제성장과 고용, ⑨ 산업화와 기술혁신, ⑩ 국가 간 불평등 개선, ⑪ 도시와 주거, ⑫ 생산과 소비 형태, ⑬ 기후변화 긴급 대책, ⑭ 해양 자원 보전, ⑮ 생태계 보호와 생물 다양성 확보, ⑯ 평화롭고 포괄적인 사회, ⑰ 파트너십.

이 중 보건 관련 목표는 SDG의 제3 목표로 정리되며, 도달 지표에는 보건 서비스의 보편적 제공(Universal Health Coverage: UHC)과 헬시 에이징이 포함된다.

또한 고령화 문제에서 SDG를 보면 SDG③ 이외에도 경제적으로 곤란을 겪는 고령자 문제는 SDG①, 여성의 과도한 개호 부담은 SDG⑤, 고령자에게 편리한 도시 만들기는 SDG⑪과 같은 방식이며, 일본의 대처는 세계의 정책에 비추어보아도 높은 타당성을 지녔다.

지금까지 예시한 대처들은 언젠가 일본이 겪게 될 본격적인 저출산·고령화의 긴급 대책으로 실시되었으며, 일본의 정책 담당자들이 이 위기를 필연적으로 인식하고 언젠가는 다가올 미래로 보고 노력해온 것처럼, 앞으로 고령화가 진행될 나라에게는 다시 또 없을 사회 실험의 기회일 것이다. 이러한 경험을 분석하고 성공의 조건과 실패의 반성점을 분명히 파악할 수 있다면, 세계 많은 국가에 유의미할 것이다.

3 │ 장래에 대한 희망과 기회

■ 일본의 고령화 시장의 규모

일본의 고령화에는 어떠한 도전이 가능하며, 개인이나 지역사회, 국가적으로 윤택한 사회를 실현하기 위해서는 어떠한 노력이 필요한가? 우선 지금의 상황과 앞으로의 전망을 도표 8-4를 통해 이야기하려 한다.[8]

고령화사회의 주요 등장인물은 고령자·고령자 서비스 제공자·정부 이렇게 3자이지만, 추구하는 중심 가치는 다르다. 정부는 국민의 생활 안정에 따른 정치·경제의 안정에 중심을 두며, 고령자 서비스 제공자는 성장과 이익을 추구한다. 고령자는 당연히 행복한 노후를 추구하기 마련이다.

그리고 3자는 사회보장급여, 서비스 구입, 사회보장 경비의 상당 부분을 부담하는 납세 관계로 묶여 있다. 또한 긴 노후를 경제적으로 윤택하게 보내기

• • •

8 원자료는 미즈호 코퍼레이트 은행 「고령자 대상 시장」 『미즈호 산업 조사』 39권 2호, 2012년, Ⅲ-3 (http://www.mizuhobank.co.jp/corporate/bizinfo/industry/sangyou/pdf/1039_03_03.pdf).

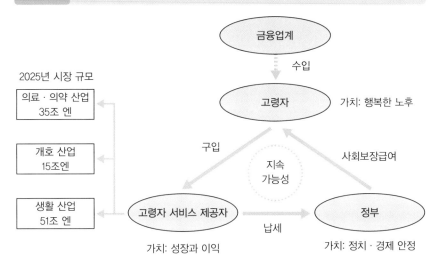

(출처) 미즈호 코퍼레이트 은행 『미즈호 산업 조사』 39권 2호, 2012년의 일부를 변경해서 필자 작성.

위해서는 투자를 통한 추가 수입도 중요하다. 따라서 은퇴 전부터 금융 리터러시(literacy) 향상 프로그램과 투자 리스크 평가에 고령자가 접근하기 쉽도록 환경을 정비할 필요가 있다.

한편 급격한 고령화로 이러한 순환이 끊어지게 될 것이라는 우려가 확산되고 있다. 예컨대 상당한 고가의 항암제 니볼루맙(Nivolumab, 상품명: 옵디보)은 당초 소수 악성 흑색종 환자의 치료를 목적으로 가격이 책정되었지만 이후 폐암과 간암에도 효과가 있다는 사실이 밝혀지고 적용 대상 환자가 확대되면서 보험 재정에 미치는 영향을 무시할 수 없게 되었다. 의약품 가격을 낮추거나 기존 의약품과 우위성을 엄정하게 비교 평가해서 사용을 제한하거나, 환자와 처방하는 의사가 비용 감각을 가지고 인센티브를 어떻게 책정할 것인지와 같은 문제가 즉각 대두된다. 미래는 '양보다 질'이라는 추세의 변화 속에서 구체적으로 다른 가치 체계를 가진 사람이 납득할 수 있는 시스템을 구축하는 것이 선결 과제이다.

그러나 고령자 서비스가 곧 의료는 아니다. 미즈호 은행의 조사에 따르면, 의료·의약산업의 경우 '서비스(의사 등 인건비), 기구(진단 기구, 처치·수술 기구), 의약(치료약, 진단약, 예방약), 시설 관련 비용(입원비)' 등, 개호산업의 경우 '재택 개호(방문 개호, 방문 간호, 통근 개호, 특정 시설 입주자 생활 개호, 복지용구 대여 등), 시설 서비스(개호 노인 복지시설, 개호 노인 보건시설, 개호 요양형 의료시설), 지역밀 착형 서비스(그룹홈 등)' 등, 생활산업의 경우 '식료, 가구·가사용품, 피복·신 발, 교통·통신, 교양·오락' 등 광범위한 영역에 영향을 미친다.

이처럼 고령자의 생활을 지원하기 위해서는 다양한 서비스가 필요하며 고령 인구의 증가는 서비스 대상의 확대로 이어지기 때문에 시장의 규모 확대를 기 대할 수 있다. 의료·의약품 산업과 개호 서비스 수요가 증가하면 생활 지원 관련 서비스 시장의 규모도 확대된다.

❷ 장래 인구 추계로 보는 세계 시장의 잠재력

저출산·고령화가 과연 일본만의 문제일까? 세계의 저출산·고령화 동향을 적절하게 파악하는 일은 고령화 관련 산업의 시장 규모를 예측하는 데 있어 중 요하다. 도표 8-5에서처럼 세계의 고령자 수는 급증하고 있으며, 그중에서도 증 가 추이가 극심한 곳은 아시아이다. 도표에서처럼 60세 이상 고령자와 80세 이상 초고령자 인구는 유럽과 북미에서도 증가하고 있지만, 아시아에 비하면 완 만한 증가세이다. 따라서 일본을 비롯한 아시아 국가는 세계 다수의 고령자가 거주하고 있는 '집'이라고 할 수 있다.

그러나 아시아에는 중국이라는 인구 대국이 있기 때문에 인구 증가율만 놓 고 보면 시장의 규모를 오해할 수 있다는 우려가 있다. 예컨대 2015년에 75세 이상 고령자 수를 보면 일본은 1,600만 명인 데 비해 중국은 4,800만 명으로 3 배에 이른다. 동남아시아 국가연합(ASEAN) 국가의 합계는 일본과 비슷한 수 준인 1,300만 명의 시장 규모이다. 향후 세계의 고령화에서 일본이 차지하는 인구 규모는 그렇게 크지 않으므로 비율로 본다면 '세계 제일의 고령화율'이지

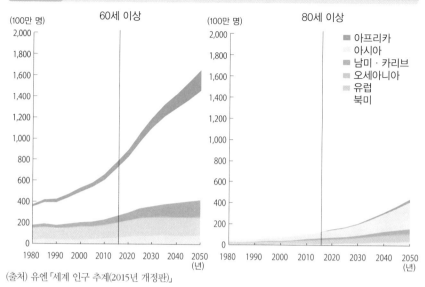

(출처) 유엔 「세계 인구 추계(2015년 개정판)」

만 수적으로는 많지 않다. 이는 국내 시장보다 해외 시장이 규모가 크다는 의미이며, 관련 산업이 일본 국내에서 정체된다면 갈라파고스화되어 쇠퇴되겠지만 외부로 진출한다면 얼마든지 가능성이 열려 있음을 시사한다.

❸ 기술혁신의 역할

기술혁신(이노베이션)을 통해 북미 · 유럽 시장의 재개척도 노릴 수 있다. 실제로 일본은 인구 구조 변화기에 의료 분야에서 큰 기술혁신이 이루어졌다. 즉 합계출산율[9]이 2보다 떨어진 1970년대에는 점차 수가 줄어가는 아동을 소중히 육성해야 한다는 관점에서 상대적으로 빛을 보지 못했던 신생아 의료기술이 폭발적으로 발전했다.

• • •

9 여성 한 명이 일생 동안 평균 몇 명의 아이를 낳는지를 나타내는 수치. (옮긴이)

일본에서 개발 혹은 임상 응용이 이루어진 기술에는 경피 효소 모니터, 경피적 빌리루빈 측정, 고빈도 환기 장치 등이 있으며, 미숙아 망막증과 뇌성마비를 예방할 수 있게 되었다.[10]

또한 고령화사회에서는 약화된 각종 신체기능을 재생·보완 혹은 대체하는 기술과 만성질환의 테일러메이드(맞춤)의료나 예방이 핵심인 선제(先制)의료와 같은 의료기술의 폭발적인 발전과 함께, 분초 단위로 빠르게 진보하는 IT를 활용한 자율 주행 자동차, 지킴이(미마모리) 서비스 등을 비롯한 광범위한 사회의 기술혁신을 기대할 수 있다. 로봇슈트를 착용하면 근력이 약해진 고령자도 개호 서비스의 제공자가 될 수 있으며, 개호로봇을 도입하면 이미 15%가 넘은 고령의 개호노동자가 개호 서비스업에 종사할 수 있는 기간을 연장할 수 있어, 개호 일손 부족 해결에 도움이 된다. 생산연령을 연장할 수도 있으며 농업인구 감소와 고령화에 대한 대응에도 적용할 수 있다.

이처럼 노동 분야의 기술혁신과, 기술과 사회의 다양한 규칙을 조화시킬 새로운 대책이 필요하다. 우리는 새로운 분야를 개척하고 세계를 선도할 가능성의 선두에 서 있다.

4 | 장래의 일본과 세계 공영을 위해

그러면 장래의 일본과 세계 번영을 위해서는 무엇을 해야 하는가? 우선 국내와 국외를 나누어 보는 관점을 벗어나야 한다. 종래에는 일본 이외 국가의 보건 과제는 개별 국가의 문제라고 여겼기 때문에, 국제 무대에서 일본인 의료

•••

10 니시다 히로시 『일본의 근대 신생아 의료 발전의 궤적 ― 지나온 세월, 그리고 미래에』 메디카출판, 2015년.

종사자의 기술이나 의약품 및 의료기기가 활약할 기회가 드물었다. 세계 인구의 다수는 개발도상국에 분포하고 그곳의 현안 보건 문제는 열대병이지만, 일본과 무관한 열대병 관련 의료 관계자를 양성하거나 치료약 및 진단약의 개발에는 의욕이 나지 않았기 때문이다.

이러한 상황에서 국제 보건은 개발도상국의 건강 문제에 관심을 가진 소수 사람들의 특수 영역이라고 여겨졌다. 그러나 지금은 많은 개발도상국이 저소득 국가인 상황을 벗어나, 질병 구조도 일본과 비슷해졌으며 저출산·고령화가 진행되고 있다. 이러한 패러다임의 변화에 따라 "불쌍한 개발도상국 국민을 돕자."라는 호혜적 기분으로 협력하려는 분위기와 함께, 의료와 보건 그리고 개호를 외화를 벌 수 있는 성장 산업으로 육성하자는 구상이 나오게 되었다.

선두에 선 단체가 메디컬 엑셀런스 재팬(Medical Excellence JAPAN)이며 '민관이 함께 일본과 대상국 의료계의 인적 네트워크를 구축하고, 대상국의 의료 과제와 수요를 감안해 일본의 의료와 의료기기, 의약품, 인재 육성, 의료·보험 제도·시스템 등을 종합 구성으로 수출하고 일본식 의료를 해외에 전파하기 위한 노력'[11]이 시작되었다.

이처럼 전형적인 지산지소(地産地消)[12] 산업인 의료 분야의 국제화에 이어 개호분야도 국제화 노력이 시작되었다. 이러한 노력의 목표는 '아시아 건강 구상'[13]에서 내각관방성을 사령탑으로 일본식 개호와 개호보험제도를 향후 고령화가 진행될 아시아 국가에 전파하는 것이다. 제도와 서비스 공급 체제가 정비되면 앞으로 일본에서 발달할 개호로봇과 개호 관련 제품 시장은 확대될 것이다.

이러한 배경에는 도표 8-6에서 볼 수 있듯이 국가별 고령화 진행에 시간차

• • •

11 Medical Excellence JAPAN의 홈페이지 참조 (http://medical-excellence-japan.org/jp/mej).

12 지역에서 생산한 다양한 자원을 해당 지역에서 소비한다는 의미이다. (옮긴이)

13 건강·의료전략추진본부, 「아시아 건강 구상을 위한 기본 방침」, 2016년 7월 29일 (http://www.kantei. go.jp/jp/singi/kenkouiryou/suisin/suisin_dai14/siryou4.pdf).

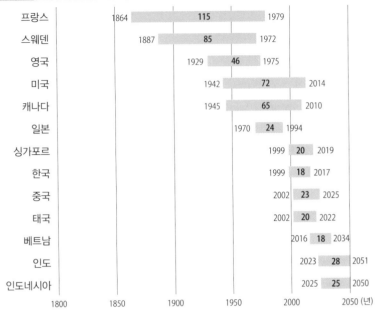

프랑스   1864   **115**   1979
스웨덴   1887   **85**   1972
영국   1929   **46**   1975
미국   1942   **72**   2014
캐나다   1945   **65**   2010
일본   1970   **24**   1994
싱가포르   1999   **20**   2019
한국   1999   **18**   2017
중국   2002   **23**   2025
태국   2002   **20**   2022
베트남   2016   **18**   2034
인도   2023   **28**   2051
인도네시아   2025   **25**   2050

1800   1850   1900   1950   2000   2050 (년)

(주) 고령자 비율이 7%에서 14%로 두 배가 되는 시간(년).
(출처) Kinsella, K, and He, W., "An Aging World: 2008," U.S. Census Bureau, 2009에서 힌트를 얻어
유엔 인구 추계 2015년 수치를 더해 필자 작성.

가 있다는 사실이 전제된다. 즉 고령화는 유럽의 경우 프랑스와 스웨덴에서는
19세기부터 약 1세기에 걸쳐 진행된 반면, 앵글로·색슨 국가에서는 20세기
중반부터 반세기에 걸쳐 진행됐다. 그리고 일본에서는 20세기 후반부터 사반
세기(24년)에 걸쳐 고령화가 진행됐다. 그 뒤를 이어 중국, 한국, 싱가포르, 태
국은 2000년을 전후해 일본보다 한층 빠른 속도로 고령화되었으며, 인도네시
아는 이보다 늦게 고령화에 진입했다.

소위 고령화 '쓰나미'의 제1의 물결, 제2의 물결, 제3의 물결이라 부를 만하
며, 고령화 선행 국가가 파도를 헤쳐나가는 방법을 잘 지켜본다면 실패를 피할
수 있을 것이다. 일본은 현재 큰 파도를 헤쳐나가기 위한 다양한 사회 실험을
거듭하고 있으며, 성공 사례와 실패 사례의 공유는 뒤이어 고령화를 경험하게

될 국가에 큰 참고가 될 것이다. 고령화 문제를 대응해나갈 국가의 정책 담당자·실무자를 지금부터 양성해나갈 수 있다면, 장래 국가에 공헌하는 인물이 될 수 있으므로 유의미할 것이다.

또한 연구의 일환으로 일본의 서비스 제공자가 되어준다면, 일손 부족이 심각한 일본의 개호 서비스 업계와 윈윈 관계가 될 것이다. 이를 위한 체계적인 인적 교류 계획도 이 구상의 토대이다. 지금까지 인재가 부유한 국가로 유출되어 나가는 현상인 브레인 드레인(Brain Drain: 두뇌 유출)이 문제시되어 왔지만, 역으로 이러한 인재 순환 발상은 참신하다고 볼 수 있으며 유엔 사무총장 보건 부문 고용 및 경제성장에 관한 고위급 위원회 보고서에서도 다루고 있다.[14]

일본은 전후 일관되게 평화주의를 관철했으며 건강하고 윤택한 국가를 만들어왔다. 에볼라 등 건강 위기 관리에서 우려할 만한 일들이 일어나고, 일부 국가에서는 글로벌화에 대한 반동으로 내향적인 정권이 출현하는 등 일본을 둘러싼 환경이 크게 변화하고 있다. 이러한 상황에서 일본이 세계에 제시하는 바는 많지만, 건강 문제 특히 일본의 고령화 대응은 세계적인 수준이며 이를 전달해나가는 과정에서 새로운 산업이 창출될 수 있다.

사실 기회를 깨닫지 못하고 있는 것은 우리 일본인지도 모른다. 주위에 있는 반짝이는 아이디어를 비즈니스로 공유하고, 해외의 새로운 지혜를 배울 수 있다면 아시아는 분명 고령화를 축복할 수 있는 평화로운 지역이 될 것이다. 마지막으로 그 첫걸음을 내딛는 주체는 우리 자신이며, 도전과 과제 속에서 기회를 찾아나가야 함을 강조하고 싶다.

(나카타니 히로키)

• • •

14 High-Level Commission on Health Employment and Economic Growth, "Working for health and Growth: Investing in the Health Workforce," 2016 (http://apps.who.int/iris/bitstre am/10665/250047/1/9789241511308-eng.pdf?ua=1).

　개인의 신체와 정신 등 건강 면의 웰빙(Well-being: 행복한 상태)과 금융 활동 등 경제 면의 웰빙은 서로 연관되어 있다. 건강과 경제 면의 웰빙은 개인의 집합인 사회 전체의 웰빙, 즉 사회후생의 확대로 이어진다. 금융 제론톨로지의 개념과 의학·공학 등 자연과학 분야와 경제학·법학 등 사회과학 분야 연구자와 금융기관과 민간 싱크탱크의 식견을 모아 고령사회에서 개인과 사회의 웰빙을 향상시킬 가능성을 모색하는 본격적인 논의를 정리한 결과물이 이 책이다.

　건강 면의 웰빙 향상에는 노년기 심신기능 유지가 필수적이다. 현역으로 일을 하거나 혹은 한직으로 밀려나게 되더라도, 다양한 형태로 사회 참여를 지속해나간다면 개인의 건강 웰빙은 향상되며, 건강 웰빙의 향상은 노동인구의 확보와 사회보장제도의 부담을 줄일 수 있으므로, 고령사회 문제 해결에도 도움이 된다. 가령 고령자가 신체기능 일부가 쇠퇴되는 질병에 걸린다고 해도, 재생의료와 기능보조로봇 등, 의료·복지 분야의 기술혁신 성과를 활용해 잃어버린 기능을 회복할 수 있으며 개인의 웰빙 향상에 크게 기여한다. 그 결과는 개호 부담의 경감·개호 급여비 제어 등으로 이어지며 사회 전체의 문제 해결에도 크게 기여할 것이다.

　물론 나이가 들면 심신기능이 저하될 위험성은 높아진다. 현시점에서 인지증은 완치가 불가능한 질병이며 인지기능 저하는 금융 면의 웰빙을 위협한다. 따라서 개인이 인지기능 저하 등을 올바르게 이해하고 적절한 진단을 받을 수 있도록 도와, 인지기능이 저하된 상황에서도 최소한의 금융 활동을 유지할 수 있도록 지원 체제를 사전에 강구해야 한다. 자산관리처럼 인지기능 저하에 많은 영향을 받는 부분은 금융기관의 지원을 받고, 자산관리 계획은 자산수명을 연장하는 쪽으로 설정하며, 후견제도의 이용을 검토하는 등의 사전 조치를 취할 수 있다.

단카이 세대가 후기고령자가 되는 2025년에 급격하게 증가할 것으로 전망되는 의료 · 복지 수요는 일본의 경제사회 시스템의 지속가능성에 위협이 될 수 있다. 한편 급증한 의료 · 복지 수요에 대응하기 위해서 보건 · 의료 시스템의 기술혁신, 사회 시스템 전체의 개혁을 적절히 이루어낼 수 있다면 차세대 기간산업의 초석이 될 것이다.

세계 어느 나라보다 이른 시기에 고령사회에 진입한 일본은 고령화 대처라는 문제 해결만이 아니라 새로운 산업의 창출이라는 측면에서도 세계의 주목을 받고 있다. 일본의 우수한 선행 사례는 세계인의 행복에 공헌할 수 있다.

이 책은 일본과 세계의 웰빙 향상을 위해 무엇을 해야 하는지에 관한 기초적인 시점 제시를 의도했다. 제시한 내용 중에는 현재 일본의 금융 제론톨로지 상황으로는 실현하지 못하는 부분도 있을 것이다. 물론 이 책은 우리 조사연구의 첫 성과이며 이를 계기로 연구자, 실무자, 정책 담당자 사이에서 논의를 더욱 심화해나갈 수 있다면 기쁠 것이다.

| 연구회 참가자 일람(◆는 이 책의 필자 및 편집 담당자) |

【좌장】
◆세이케 아쓰시　　　게이오기주쿠 총장, 게이오기주쿠 대학 상학부 교수

【참가자】(가나다 순)
◆고마무라 고헤이　　게이오기주쿠 대학 경제학부 교수
◆고바야시 게이이치로　게이오기주쿠 대학 경제학부 교수
　나카무라 요이치　　노무라 증권 상품기획부 상품개발과장
◆나카타니 히로키　　게이오기주쿠 대학 글로벌 리서치 인스티튜트(KGRI) 특임 교수
◆노무라 아키코　　　노무라 자본시장연구소 연구부장
◆다케바야시 도루　　게이오기주쿠 대학 건강 매니지먼트 연구과·의학부 위생학 공중위생학교
　　　　　　　　　　실 교수
◆도미나가 겐지　　　노무라 자본시장연구소 연구부 부주임 연구원
◆미무라 마사루　　　게이오기주쿠 대학 의학부 정신·신경과학교실 교수
◆미야타 히로아키　　게이오기주쿠 대학 의학부 의료정책·관리학교실 교수
　세키 유타　　　　　노무라 자본시장연구소 연구부장
　야마모토 다쿠지　　노무라 증권 본점 법인 영업부장
　요네나가 요시카즈　노무라 증권 본점 법인 영업부 영업7과장
◆우시바 준이치　　　게이오기주쿠 대학 이공학부 준교수
　이와사키 도시히로　노무라 자본시장연구소 대표이사 사장 겸 노무라 증권 대표 집행역 부사장
　하야시 히로미　　　국제금융정보센터 조사부 수석연구원(노무라 자본시장연구소에서 파견)
　히비노 유지　　　　노무라 증권 영업기획부장

【초청 연사】
　미우라 고지　　　　게이오기주쿠 대학병원 임상 연구추진센터 교수
　에사키 요시히데　　경제산업성 상무정보정책국 헬스케어산업과장
◆이누부시 유코　　　게이오기주쿠 대학 법학부 교수

박현숙

일본 도쿄의 호세이 대학 국제문화 연구과에서 재일 조선인 문학과 코리안 디아스포라 문학을 연구했다. 박사과정 수료 후 한국에 돌아와 한국방송통신대학교에 때때로 출강한 다. 번역일은 일본 체류 중 교도통신에서 처음 시작했다. 한국과 일본 양국에 문학을 소개 하는 일을 해왔으며, 보다 다양한 문학을 소개하게 되기를 기대한다.

금융 제론톨로지

1판 1쇄 인쇄   2019년 7월 16일
1판 1쇄 발행   2019년 7월 22일

지은이   세이케 아쓰시
옮긴이   박현숙
펴낸이   이종호
편 집   김미숙
디자인   씨오디
발행처   청미출판사
출판등록   2015년 2월 2일 제2015-000040호
주 소   서울시 마포구 토정로 158, 103-1403
전 화   02-379-0377
팩 스   0505-300-0377
전자우편   cheongmipub@daum.net
블로그   blog.naver.com/cheongmipub
페이스북   www.facebook.com/cheongmipub
인스타그램   www.instagram.com/cheongmipublishing

ISBN   979-11-89134-09-9   03320

이 도서의 국립중앙도서관 출판예정도서목록(CIP)은 서지정보유통지원시스템 홈페이지 (http://seoji.nl.go.kr)와 국가자료공동목록시스템(http://www.nl.go.kr/kolisnet)에서 이용하실 수 있습니다.(CIP제어번호 : CIP2019026694)
* 책값은 뒤표지에 있습니다.